Mainhardt Graf von Nayhauß

Bonn vertraulich
Die besten Kolumnen eines Insiders

W0077128

Mainhardt Graf von Nayhauß

Bonn vertraulich

Die besten Kolumnen
eines Insiders

v. HASE & KOEHLER VERLAG

Umschlaggestaltung: Lutz Jahrmarkt, Hamburg
Umschlagfoto: Klemens Beitlich, Bonn

Gesamtherstellung: Zechnersche Buchdruckerei, Speyer
Printed in Germany • ISBN 3-7758-1370-5

Inhalt

Was man in Bonn wissen muß

Frauen in Bonn

Politiker sind auch nur Menschen

Kanzlerreisen

Das Parlament - manchmal so lustig wie im Kino

Muß der Gesundheitsminister ein Arzt sein?

Menschen und Schicksale

Hintergrundgeschichten

Noch mehr Kohl

Skandale und Skandälchen

Als Kolumnist in Bonn

Vorwort

Der Anruf kam ohne Vorwarnung, nicht über sein Vorzimmer, vielmehr wie ein Blitz aus heiterem Sommerhimmel. "Hier Helmut Kohl! Also Graf Nayhauß, wenn Sie das schreiben, was Sie gerade vorhaben, sind wir geschiedene Leute!" Ich hatte gehört, seine Frau wäre der Grund, warum er lange zögerte, sich 1998 ein weiteres Mal um die Kanzlerschaft zu bewerben.

Nach einem kurzen, aber heftigen Telefonat einigten wir uns auf einen Kompromiß. Er fiel mir leicht, weil das Gehörte nach einem Gespräch mit Frau Kohl ("So, jetzt soll ich es gewesen sein") anscheinend doch nur ein Gerücht war.

Aber einmal mehr wurde mir die Wirkung meiner wöchentlich viermal in BILD erscheinenden Kolumne "Bonn vertraulich" bewußt. BILD, die größte Tageszeitung Europas, hat über 11 Millionen Leser, davon "Bonn vertraulich" pro Ausgabe bis zu 8,8 Millionen - mehr als die ARD-'Tagesschau' oder die ZDF-Nachrichten 'heute' zum Beispiel 1996 im Tagesdurchschnitt zur Hauptsendezeit an Fernsehzuschauern hatten. Es ist die Kolumne mit der höchsten Auflage in Deutschland, sie erscheint seit 17 Jahren, nunmehr unter dem siebenten Chefredakteur.

Das Interesse geht durch alle Schichten. 'Spiegel'-Herausgeber Rudolf Augstein liest die Beiträge ebenso regelmäßig wie der pensionierte Dorfschmied Hubert Laabs aus Niedersachsen. Bayerns Ministerpräsident Edmund Stoiber beschwerte sich bei Theo Waigel (in ihm vermutete er meinen Informanten), weil er glaubte, bei einem Vergleich mit dem CSU-Vorsitzenden zu schlecht weggekommen zu sein.

Ex-Kanzler Helmut Schmidt schrieb einen Leserbrief, weil er beanstandetet, in einem Beitrag falsch beschrieben worden zu sein; der Vertreter des Verbandes Deutscher Reeder in Bonn, Peter Broers, weil er wieder einmal "die politischen Analysen, verpackt als politische Geschichten von Graf Nayhauß", genoß.

Es gab Anfragen im Bundestag wegen "Ein Hauch von Preußen weht auf der Hardthöhe" (siehe Seite 115). Es gab auch Schmähungen von Kollegen: "Uns schreckt bereits das Knacken Ihrer Fingernägel auf dem Laptop".

Das amerikanische Nachrichtenmagazin 'Time' zitierte aus der Kolumne anläßlich des Todes von Prinzessin Diana, der Wetzlarer Pastor Wolfgang Baake erwähnte eine andere Kolumne in seiner Weihnachtspredigt. Was will man mehr?

Menschen konnte mit einer Veröffentlichung geholfen werden. Ein ehemals in der DDR enteigneter Spediteur bekam Wiedergutmachung, ein elternloser Straßenjunge in Manila eine dringend benötigte Operation, ein von der Abschiebung bedrohter, in die Bundesrepublik übergelaufener russischer Oberleutnant den rettenden deutschen Paß (Seite 102).

Dem Kanzler auf den Fersen, erst Helmut Schmidt, dann Helmut Kohl, legte ich manchmal bis zu 100 000 Flugkilometer im Jahr zurück, berichtete mittels Laptop und/oder Handy aus fast allen Teilen der Welt: von den Victoriafällen in Afrika und aus Tibet vom "Dach der Welt"; sah die Slums von Rio und die Goldpaläste des Sultans von Brunei, stand im Oval Office des amerikanischen Präsidenten ebenso im Arbeitszimmer des Kreml-Herrschers.

Vor drei Jahren traf ich im 'Frankfurter Hof' anläßlich der Buchmesse den inzwischen viel zu früh verstorbenen 'Tagesthemen'-Moderator Joachim Friedrichs. "Bist Du hier, um Deine Kolumnen in Buchform vorzustellen?" fragte er.
"Nein."
"Das solltest Du aber machen."
Jetzt ist es soweit: das Buch mit den besten Beiträgen liegt vor.

Bonn, im Dezember 1997

Mainhardt Graf von Nayhauß

12

Der Kanzler

Warum dieser Kanzler niemals aufgibt

Wie oft hat der Kanzler eigentlich schon mit Rücktritt gedroht? Im Laufe seiner Kanzlerschaft mindestens fünf mal. So unmittelbar nach der Bundestagswahl 1987 bei einem Koalitionsstreit um die Senkung des Spitzensteuersatzes: "Wenn jetzt nicht Schluß ist mit dem Gezänk, lasse ich mich nicht erneut zum Kanzler wählen!" 1988, wieder in der Koalitionsrunde, abermals ein Steuerstreit: "Ich bin der Führer der großen Koalitionspartei, der CDU. Es kann wohl nicht angehen, daß die CDU alles auf ihren Buckel nimmt. Ich bin nicht der Tanzbär, den man an der Leine führt ... Da kann ich ja gleich zu Richard gehen" - gemeint zwecks Demission zum damaligen Bundespräsidenten Weizsäcker.

Am 19.März 1989 zwang ihn die eigene Fraktion, einen mühsam mit der FDP ausgehandelten Kompromiß (Erziehungs- und Kindergeld, Steuerfreiheit für Hauspersonal) erneut zu verhandeln. "Dann sollen sie sich doch jemand anders suchen," schimpfte er, stob, senkrechte Zornesfalte tief in die Stirn gekerbt, über den Korridor des Bundeshauses davon.

Im Mai desselben Jahres, als die Amerikaner die Modernisierung der auf deutschem Boden stationierten Kurzstreckenrakete "Lance" forderten, aber Entspannungspolitiker Genscher sich querlegte, zog Kohl schon wieder blank: "Die können mir alle den Buckeln runterrutschen. Ich muß ja nicht Kanzler sein."

Schließlich im November 1996. Weil die Waffe langsam stumpf wird, schon vorsichtiger: "Wenn hier weiter so gestritten wird, erinnert mich das an 1988. Dann kann ich ja zu Roman Herzog gehen."

Im Ernst glaubt niemand, daß Kohl jemals freiwillig aufgibt. Fritz Zimmermann (CSU), Ex-Innenminister, befand schon vor Jahren: "Wenn der mit dem Rücken zur Wand steht, und es Scheiße regnet, hat er ein Stehvermögen, wie ich es bei keinem in der deutschen Politik je erlebt habe."

Wenn dem Kanzler einer ans Leder will

Mit Helmut Kohl ist es wie mit einem Stalingrad-Kämpfer: Man wundert sich, daß er überlebte.
Gerade erst im Oktober 1982 ins Kanzleramt eingezogen, geriet er in schärfste Auseinandersetzung um die atomare Nachrüstung und vorgezogene Wahlen. 1984 schlitterte er in die Kießling-Affäre, CSU-Strauß boykottierte ihn, wo er konnte.
1985: Bitburg-Skandal, Wahlschlappe in NRW. Genscher: "Kohl tut mir leid", BILD-Kolumnist Nayhauß fragt: "Kann ein Bundespräsident (Weizsäcker) zurücktreten, um Kanzler zu werden?" 1986: Kohl vergleicht Gorbatschow mit Nazi-Goebbels, steht wegen angeblicher Falschaussage vor dem Flick-Untersuchungsausschuß, fühlt sich "tief getroffen".
1988 fordert die Junge Union Baden-Württembergs einen "tiefgreifenden Neuanfang, der nur noch ohne Kohl möglich ist." 1989 versuchen Rita Süssmuth, Späth, Geißler und Albrecht (Niedersachsen) auf dem Bremer Parteitag den Königsmord. Kohl kämpft trotz schmerzhafter Blasenerkrankung - und gewinnt.
1991, nach mehreren Wahlniederlagen, nimmt ihn die CSU hart an. Ein CDU-Präsidiumsmitglied spricht von Kohls Abtritt, "mit großer Wahrscheinlichkeit 1993". Da ist er nach wie vor im Amt. Allerdings: "In einem Gewirr von Rezession und Resignation" (Die Welt). Ausgerechnet sein frischgewählter Parteistellvertreter, Eggert, fordert nun, Kohl solle den CDU-Vorsitz abgeben. Nix da, aber Kohl scheitert mit seinem Wunschkandidaten für das Amt des Bundespräsidenten, Heitmann.
1996: die Koalition droht über die Absenkung des "Soli" zu platzen. Die FDP beruft vorsorglich ihre Minister nach Bonn, um sie gegebenenfalls zurücktreten zu lassen. Auch das steht Kohl durch. Und schließlich im Sommer 1997 das Aufbegehren in den eigenen Reihen gegen ihn, sein Festhalten an Waigel und die umstrittene Steuerreform.
Irgendwie alles schon mal gehabt.

So wird der "Chef" geschützt

Ein versuchtes Briefbomben-Attentat auf den Kanzler verlief glücklicherweise stümperhaft. Überhaupt, dank hundertprozentiger Sicherheitskontrolle des Posteingangs haben Attentäter oder Verrückte keine Chance. Wie aber steht es sonst um den Schutz Helmut Kohls?

Zunächst: Keiner kommt unangemeldet ins Kanzleramt, Ausweise müssen nicht nur vorgelegt, sondern für die Dauer des Besuchs beim Grenzschutz hinterlegt werden. Bonner Journalisten haben einen vom Bundestag ausgestellten Presseausweis, sind vom Bundeskriminalamt überprüft.

Der Zugang zu seinem Arbeitszimmer wird mittels einer Fernsehkamera überwacht, die Fenster liegen zur Parkseite, können weder von der Straße noch vom Rhein beschossen werden. Tag und Nacht patrouillieren auf dem Gelände BGS-Beamte mit Wachhunden, vor allem nachts um den Kanzlerbungalow.

In Oggersheim, ebenfalls rund um die Uhr bewacht, wurden die Fenster seines Privathauses mit schußhemmendem Glas, die rückwärtige Seite mit einer hohen Schutzmauer versehen.

Wenn unterwegs, benutzt er so oft wie möglich den Hubschrauber, sonst Panzerlimousinen mit wechselnden polizeilichen Kennzeichen. Bei Auslandsreisen wird nie sein Gepäck aus der Hand gegeben, nicht einmal dem Laderaum der Kanzlermaschine anvertraut. Dafür garantiert sein Fahrer Seeber.

Schließlich schützen ihn zahlreiche Leibwächter. Chef-Bodyguard ist seit langem Kriminalhauptkommissar Reinhold Hallerbach. Er und seine Kollegen kriegen Zustände, wenn der Kanzler - was er sich nicht nehmen läßt - das Bad in der Menge sucht. Noch viel mehr, wenn er ihnen ausbüxt und sich nur auf seinen Schutzengel verläßt.

Helmut Kohl steht auf dem Standpunkt: "Absolute Sicherheit gibt es eh nicht. Alles andere ist vom Schicksal vorbestimmt."

Kein Tamtam an seinem Jubiläum

Es war, als wollte er an seinem großen Jubiläum - länger als Adenauer im Amt - auch mit der Wahl seines Anzugs zum Ausdruck bringen: bloß kein Tamtam! Statt staatsmännischen Dunkelblaus wählte Helmut Kohl graublaues Glenscheck, rote Krawatte mit grünblauem Paisley-artigen Muster. Die Glückwünsche seines Büroleiters, Walter Neuer, beim gemeinsamen Frühstück mit den engsten Mitarbeitern in seiner Hotelsuite in Manila ("Herr Bundeskanzler, gestatten Sie, daß ich Ihnen namens meiner Kollegen gratuliere...", ließ er gerade noch zwischen Kaffee und Joghurt gelten.

Aber als sein Medienreferent Michael Roik begann, die Pressekommentare zum Kanzlerjubiläum aufzuzählen, schnitt er ihm mit fast unwirscher Geste das Wort ab: "Danke, das reicht." (Was ihn nachmittags beim Flug nach Tokio nicht davon abhielt, sich einen Lobartikel aus der ZEIT, "Elefant auf Zehenspitzen", zeigen zu lassen!). Noch in Manila, beim zweiten Frühstück mit 500 deutschen und philippinischen Geschäftsleuten, kam er von selbst auf das Jubiläumsdatum zu sprechen: "Ich bin froh, heute nicht zu Haus zu sein, weil ich um diesen Tag nicht viel Aufhebens möchte. Ich bin unter kargen, strengen Verhältnissen aufgewachsen, habe mir mein Studium als Arbeiter bei der BASF verdient. Kurz, mir ist an der Wiege nicht gesungen worden, daß ich mal Bundeskanzler werde." Klingt beeindruckend bescheiden. Nur, bereits Ende der Sechzigerjahre verkündete er in einem Fernsehinterview mit Günter Gaus unverblümt: "Ich will Bundeskanzler werden." Und als er es 1982 wurde, warnte der SPD-Fraktionsvorsitzende Wehner die Genossen: "Täuscht Euch nicht, der bleibt es sechzehn Jahre!" Oder noch länger. Der Kanzler zu den Businessleuten: "Mein Vater wurde 89, mein Großvater 97. Das sage ich meinen politischen Gegnern." Nun ist der Pfälzer Kohl erwiesener Weise ein Genußmensch mit der Lebensphilosophie "Wer viel schafft, muß auch feste feiern". So lud er, abends in Tokio angekommen, seine Reisebegleitung "einschließlich Medienvertreter und Flugzeugbesatzung" doch noch zu einem "gemütlichen Zusammensein" im Hotel Imperial ein.

Der Kanzler und die Stauffenbergs - ein gestörtes Verhältnis

Bei den gestrigen Feierlichkeiten zum französischen National-
feiertag in Paris ließ sich der Kanzler von drei Männern begleiten,
deren Väter im Zusammenhang mit dem Aufstand gegen Hitler
vom 20. Juli 1944 starben: Dohnanyi, Kleist, Rommel. Merkwürdigerweise war keiner der drei Söhne des Anführers der
Verschwörung, Oberst Graf Stauffenberg, eingeladen!
Mindestens zu einem der Stauffenberg-Söhne, dem ehemaligen
CSU-Bundestags- und Europaabgeordneten Franz Ludwig Graf
Stauffenberg, ist das Verhältnis gestört. Als Kohl 1982 die Regierung übernahm, ließ er Stauffenberg über den damaligen CDU/
CSU-Fraktionsführer Jenninger wissen, er habe mit ihm "etwas
vor". Von einem Botschafterposten in den Niederlanden war die
Rede, an dem sich aber Stauffenberg nicht interessiert zeigte. Kohl
verbreitete daraufhin angeblich, Stauffenberg habe Paris oder
Washington gefordert, was wiederum Stauffenberg kränkte und von
ihm bestritten wurde.
Als US-Präsident Reagan 1985 vom Kanzler zum unseligen Besuch
des Soldatenfriedhofs mit SS-Gräbern in Bitburg/Eifel aufgefordert
wurde, und Kohl Franz Ludwig Stauffenberg bat, mitzukommen,
bekam er einen Korb ("Ich bin kein Dekorationsgegenstand des
Kanzlers"). Als Kohl zwei Jahre später zu einer Stauffenberg-
Gedenkfeier ins Kanzleramt einlud, sagte Franz Ludwig wieder ab.
1990 protestierte er in einem Brief an Kohl, daß im Vertrag über
die Wiedervereinigung die zwischen 1945 und 1949 im Osten
erfolgten Enteignungen nicht rückgängig gemacht wurden ("Was
um Himmels willen bewegt denn Unionspolitiker...").
Vorläufig letzte Verstimmung: Kohls ausbleibender Protest, als in
der Gedenkstätte zum 20 Juli im Berliner Bendlerblock, wo Stauf-
fenbergs Vater nach Scheitern des Attentats erschossen wurde,
auch die Bilder von Pieck und Ulbricht als kommunistische
Widerstandskämpfer aufgehängt werden sollten.

Kohl und 'Der Spiegel' - ein verkorkstes Verhältnis

Es ist über 20 Jahre her, daß Helmut Kohl dem 'Spiegel' sein letztes Interview gab. Es war in der heißen Phase des 1976er Wahlkampfes - Kohl gegen Schmidt, ein Kopf-an-Kopf-Rennen. In einem Bootshäuschen am Wolfgangsee empfing er- gekleidet in Trenkerkord und Rollkragenpulli, im Beisein seines österreichischen PR-Beraters Gerd Bacher - die 'Spiegel'-Redakteure Erich Böhme und Klaus Wirtgen. Die Herren gerieten schnell über Kreuz. Kohl: "Nun hören Se mal uff mit ihrm linke Kram!" Wirtgen, pfälzisch-hessisch zurück: "Hören Se uff mit ihrm rechte Kram!" Alles in allem ein Interview mit wenig Substanz, abgesehen von dem Satz, der Kohl jahrelang spöttisch vorgehalten wurde: "Ich bin ein Generalist und kein Spezialist." Böhme hinterher enttäuscht: "Aus diesem Interview wird nie etwas." Nichtsdestotrotz schickte Wirtgen eine rigoros zusammengestrichene Fassung mit wenig Hoffnung auf Genehmigung ins Adenauer-Haus. Eine Stunde später Anruf von Bacher: "Herr Kollege, ein hervorragendes Interview! Glückwunsch!"
Es wurde gedruckt, aber nicht wenige Unionspolitiker fanden es verheerend, schien es doch den Eindruck vom "Provinzler" Kohl im Vergleich zum weltmännischen Helmut Schmidt zu bestätigen. Kohl selbst fühlte sich einmal mehr vom 'Spiegel' kaputtgeschrieben. Hinzu kam ein weiteres für ihn negatives Interview mit dem Schriftsteller Walter Kempowski, das im ZEIT-Magazin veröffentlicht wurde ("Sie hören Schlager, Herr Kohl?" "Ich höre gern Hans Albers, La Paloma oder den Corned-Beef-Millionär").
Kohl verlor die Wahl mit nur 699 304 Stimmen bei 40,6 Millionen Wählern.
'Spiegel'-Wirtgen: "Von da an hat der Herr mit uns nicht mehr gesprochen".

Wut auf 'Hurra Deutschland':
"Beleidigend und beschissen"

Woher kommt der gottähnliche Zorn des Kanzlers auf den WDR im allgemeinen und auf 'Monitor' im besonderen? "Keine Ahnung," selbst die engsten Mitarbeiter Kohls zucken die Achseln. Dabei unterhielt Kohl, bevor er Kanzler wurde, gute Beziehungen zu namhaften Journalisten des 'Rotfunks'. Es war der damalige ARD-Studioleiter Bonn, der spätere WDR-Indendant Nowottny, der Kohls Ackermann im Sommer 1982 die frohe Botschaft steckte: "Sag' dem Helmut, er soll sich darauf vorbereiten, daß er bald Kanzler werden kann!"
Auf diese Verbindung stütze sich später Kohls Hoffnung, daß nach der Wahl Nowottnys 1985 zum WDR-Intendanten (mit den Stimmen der CDU) der größte Sender des Bundesgebietes auf einen CDU/CSU-freundlichen Kurs schwenken würde. Eine Fehlspekulation. Dennoch herrschte zunächst Burgfrieden. Kritische 'Monitor'-Berichte wurden knurrend weggesteckt oder mit einer verdeckten Beschwerde an Nowottny beantwortet. Aber solche Briefe bekamen auch die Intendanten Stolte (ZDF) und Willibald Hilf (SWF) und andere. Fast zeitgleich entwickelte sich Kohl zum Kanzler der Wiedervereinigung und international anerkannten Staatsmann. Da waren "Hurra Deutschland" und die im "Bericht aus Bonn" ausgestrahlten "Bonn Cartoons" des kürzlich verstorbenen Karikaturisten Bernard Woschek mit seiner Amtswürde fortan unvereinbar. Nur, er war nicht in der Lage, diese Sendungen zu unterbinden.
Als jedoch "Monitor" (WDR) ein getürktes, satirisch gemeintes Telefonat zwischen ihm und Jelzin ("Müssen da eigentlich so viele Leichen herum liegen") sendete, war das Maß voll. Kohl: "Tiefpunkt der Geschmacklosigkeit". Seitdem sucht er den offenen Kampf.

Warum er Kanzler und nicht Bauer wurde

Zu Kohls Lebenslauf gehört die Geschichte, daß er beinahe Bauer geworden wäre. Bei Kriegsende war er 15, seine Heimatstadt Ludwigshafen zu zwei Drittel zerstört, der Bruder gefallen, der Vater herzkrank, die Schule noch nicht wieder in Betrieb. Verwandte vermittelten ihm eine Ausbildung (auch damals Lehrstellenmangel!) auf einem Bauernhof in Düllstadt, 30 Kilometer östlich von Würzburg. Der Hof mit 1.200 Morgen war von der Süddeutschen Zucker AG gepachtet. Es wurden hauptsächlich Zuckerrüben angebaut, aber es gab auch etwa 90 Kühe, eine Schweinezucht, Hühner und Ochsen .
Der junge Kohl lernte die harte, schwielige Landarbeit kennen: 5 Uhr aufstehen, Kühe versorgen, neugeborenen Kälber ins Herdbuch eintragen, dann raus zur Feldarbeit. Zum Beispiel pflügen mit Ochsen. Zwei vor dem Flug, vier zum Austausch dahinter angebunden. Kohl später: "Ein Saugeschäft."
Nach einem Jahr brach er die Ausbildung ab, ging wieder auf die Schule. Nicht wegen der Härte, sondern: "Unter den Flüchtlingen aus dem Osten waren viele landwirtschaftliche Fachleute. Für Anfänger waren da keine Berufschancen."
Nun gibt es im Leben merkwürdige Zufälle. 1995 pachtete die Familie des CSU-Landesgruppenchef im Bundestag, Michael Glos, genau diesen Bauernhof! Glos schmunzelnd: "Seitdem kenne ich eine andere Version von Kohls Ausstieg aus der Landwirtschaft. Er pflügte wieder einmal mit den Ochsen, gönnte sich erschöpft eine Pause und schlief ein. Da machten sich die Tiere unbemerkt selbstständig, zogen den Pflug durch ein frischgepflügtes Feld. Just in dem Moment kam der Verwalter des Hofes. Das war dann das Ende von Kohls landwirtschaftlicher Karriere."
Wenn dem so war, verdanken wir ein paar störrischen Ochsen, daß Kohl nicht Bauer, sondern Kanzler wurde.

Warum Kohl so schnell "Dr. phil." wurde

Trotz eines prallvollen Terminkalenders jettete der Kanzler zum 90 Geburtstag seines Doktorvaters, Professor Walter Peter Fuchs, nach Erlangen und hielt eine Festrede. Warum diese Verbundenheit mit seinem alten Lehrer?

Ohne Fuchs hätte er nicht - oder zumindest nicht so schnell - seinen Doktor phil. in Geschichte machen können. Denn der Studiosus Kohl hatte nicht die notwendigen Seminarscheine (Zwischenprüfungen), die mindestens in zwei historischen Fächern vor Inangriffnahme einer Doktorarbeit verlangt wurden. Der Professor übernahm dennoch die "Doktorvaterschaft"

Fuchs: "Was zunächst für Helmut Kohl einnahm, war sein Auftreten. Klar und offen legte er seinen Werdegang, seine Studienleistungen und seine Absicht dar, ohne die fehlenden Bescheinigungen in seinem Studienbuch zu verschweigen." Und: der Doktorand Kohl war damals in der Politik kein Unbekannter mehr, saß mit 27 bereits im Landesvorstand der CDU-Rheinland-Pfalz.

Ein Thema für die zu schreibende Doktorarbeit hatte er auch schon: "Die politische Entwicklung in der Pfalz und das Wiedererstehen der politischen Parteien nach 1945." Da konnte ihm kein Professor so leicht etwas vormachen. Mit 16 war er in die CDU eingetreten.

Fuchs, der Kohl die nicht erfüllten Voraussetzungen des Studienplans nachexerzieren ließ: "Er hat die Aufgabe der Doktorarbeit mit Bravour gelöst." Am 28. Juli 1958 promovierte Kohl mit "cum laude" (mit Lob).

Kohl über Fuchs, den er regelmäßig besucht: "Als einer seiner Schüler danke ich ihm für seinen Rat und seine Hilfe in einem prägenden Lebensabschnitt."

Wer darf den Kanzler duzen ?

Mit wem der Kanzler per Du ist, erfährt man oft nur beiläufig und erst nach Jahren. Das gilt zum Beispiel für Hans Koschnick (SPD), den ehemaligen Bürgermeister von Bremen und späteren EU-Verwalter im bosnischen Mostar, dem Helmut Kohl unlängst schrieb und den Brief veröffentlichen ließ:
"Von ganzen Herzen gratuliere ich Dir zur Verleihung der diesjährigen Otto-Hahn-Friedensmedaille... Du hast zu Recht Bewunderung, Sympathie und Respekt bei den Menschen vor Ort... Dein Helmut Kohl." Nachgefragt, erfährt man, daß die Herren sich noch aus gemeinsamen Zeiten als Stadt- beziehungsweise Landesvater duzen.
Ein relativ neuer Duz-Freund ist Norbert Blüm. Vorher pflegte der Kanzler allenfalls zu sagen: "Na Nobbi, Sie roter Feldwebel!" Nach der Bundestagswahl 1994 und der Vereidigung der Minister bot Kohl seinem Sozialminister seit zwölf Jahren das überfällige Du an: "Ich glaube, es ist an der Zeit."
Im Kabinett sind es mit Waigel zwei von 17 Ministern, mit denen er auf Du steht, im Bundestag sechs Abgeordnete von 672 (Blüm, Geißler, Genscher, Schäuble, Stoltenberg, Waigel). Kohl überlegt sich sorgfältig, mit wem er sich duzt - eingedenk des Sprichwortes: Wohl mag es Liebe auf den ersten Blick geben, nicht aber Freundschaft.
Unter den 16 Ministerpräsidenten der Länder sind es lediglich Biedenkopf und Bernhard Vogel, von den Wirtschaftsbossen genießt einzig Bundesbankvizepräsident Gaddum dieses Privileg, alldieweil vormals politischer Mitstreiter in Rheinland-Pfalz. Mit Kohl auf du und du zu stehen ist zweischneidig. In seinem Verhalten ähnelt er dem römischen Dichter der Antike, Horaz, dem man nachsagt: "Wenn er nur einen Lacher für sich herausschlagen kann, wird er seinen besten Freund nicht schonen."

Busfahren - Kohls große Leidenschaft

Die Staats- und Regierungschefs auf dem Essener EU-Gipfel staunten nicht schlecht, als der Kanzler sie aufforderte, gemeinsam mit einem angemieteten Bus zum Galadiner des Bundespräsidenten zu fahren. Was sie nicht wußten: Kohl hat fast eine erotische Beziehung zu dieser Art von Fortbewegung.

Wie bei einer Geliebten bekommt er nicht nur mehr geboten, er hat's auch bequemer. In seinem Dienstwagen (Mercedes 500 SEL, 326 PS) hat er mit Ach und Krach nur auf dem Beifahrersitz Platz. Im Bus, der natürlich kein normaler, sondern einer dieser "Sightseeing Cruiser" mit Klimaanlage, Bar, Stereo und Toilette ist, sitzt er bequem in einem drehbaren Clubsessel - vor allem höher, sieht mehr als unter dem heruntergezogenen Dach seiner Panzerlimousine. Und: er kann sich mit mehr als nur zwei, drei Begleitern unterhalten. Familienstimmung kommt schnell auf ("Alle mal herhören!").

Als Kohl vor drei Jahren Brasilien besuchte, schickte das brasilianische Protokoll den bestellten Bus ans Ende der auf dem Ankunftsflughafen wartenden Wagenkolonne; am roten Teppich hielt es für den den hohen Gast aus Deutschland eine standesgemäße Staatskarosse bereit. Der Kanzler schlug nach Abschreiten der militärischen Ehrenformation kurz einen Haken, lief an der Wagenkolonne nach hinten, kletterte in den Bus und freute sich diebisch, das Protokoll überlistet zu haben.

1990, im DDR-Landtagswahlkampf, enterte er in Bad Saarow am Scharmützelsee einen Bus mit Berliner Ausflüglern, um sich zu seinem vor dem Ort auf einer Wiese wartenden Hubschrauber fahren zu lassen. Im Bus erst verdutzte Gesichter, dann großes Hallo! Kohl, neben dem Fahrer stehend, das verschmitzte Gesicht den Mitreisenden zugewandt, genoß die Szene.

Busfahren kommt auch seinem Vorsatz entgegen, ohne Aufhebens durch die Lande zu fahren. Bei einem zu eskortierenden Bus Blaulicht anzuschalten, käme sich die Polizei lächerlich vor.

Plötzlich Spaß am Autogrammegeben

Helmut Kohl stand an einem weißgedeckten Stehtisch und signierte konzentriert, wobei seine Zungenspitze über die Unterlippe glitt, sein neustes Buch: "Ich wollte Deutschlands Einheit." Ganz gegen seine sonstige Ungeduld fand er Spaß am Autogrammgeben. Der Autorenstolz war unübersehbar.

Über 400 handverlesene Gäste erschienen zu seiner Buchpremiere im Bonner Haus der Geschichte. Bundespräsident Herzog hatte schon vor Tagen sein Kommen angekündigt. Anwesend auch die Minister Waigel, Töpfer, Rüttgers, Merkel, Bohl; präsent von der FDP Westerwelle und Graf Lambsdorff; zu sehen Springer-Aufsichtsratschef Servatius, Verleger John Jahr, Michel Friedman vom Zentralrat der Juden, außerdem Mitstreiter des Kanzlers - alle eingetaucht in gleißendes Scheinwerferlicht von 16 (!) Fernsehteams.

Das Besondere: Hier schildert der letzte noch im Amt befindliche Akteur jener historischen Tage, der Bundeskanzler, das dramatische Ereignis der Wiedervereinigung. Und es geschieht mit Hilfe von zwei Co-Autoren, den BILD-Redakteuren Kai Diekmann und Ralf Georg Reuth. "Drei Autoren, kann das gutgehen?", fragte Ex-Kultusminister Hans Maier in seiner Laudatio.

Die Antwort: Ohne die beiden Journalisten wäre das Buch überhaupt nicht zustande gekommen! Diekmann überredete Kohl, der sich vorgenommen hatte, "nie und nimmer Memoiren zu schreiben", erst einmal zu dem Projekt. Nach seinem "OK, ich mach' das" ließen sie ihn viele Abende im Kanzlerbungalow seine Erlebnisse auf Band sprechen (manchmal bis halbzwei Uhr nachts), ergänzten sie mit eigenen Recherchen und brachten das Ganze zu Papier. Bei der Schlußsitzung am Wolfgangsee (Hannelore Kohl: "Nie wieder soviel Arbeit im Urlaub!") segnete er Satz für Satz ab. Jedes Wort ist Kohl-authentisch. Wichtig für spätere Historiker.

Nach der Buchvorstellung flog der Kanzler mit dem Hubschrauber zur Frankfurter Buchmesse - zusammen mit seinen neuen Schriftstellerkollegen.

Kohls Ordenskiste:
Nur vom Papst fehlt noch einer

Orden - manchem sind sie schnuppe, anderen sehnlichster Wunsch. Des Kanzlers Einstellung liegt irgendwo in der Mitte. "Ich freue mich," gestand er rundheraus, als ihm Stoiber den Bayerischen Verdienstorden um den Hals legte.

Waigel hat ihn, 'Kaiser Franz', Ex-Regierungssprecher Boenisch, Champagner-Botschafter François-Poncet und Schönhuber -, bis er ihn aus Protest zurückgab. Zahlenmäßig ist der Kreis exklusiv: Nie mehr als 2 000! Von anderen Bundesländern verlieh ihm noch Rheinland-Pfalz einen Orden.

Wenn er alle seine Orden anlegte, sähe er aus wie ein Sowjet-marschall. Nach Auskunft seines Büros besitzt er "etwa 45". In feinen Schatullen, säuberlich aufgelistet, werden sie im Kanzleramt aufbewahrt. Orden aus Belgien, Spanien, Mexiko, Finnland, Niger... Auch das Großkreuz der Kreuzfahrer vom Heiligen Grabe in Jerusalem, verliehen vom Griechisch-orthodoxen Patriarchen, ist darunter. Frankreich ehrte "Elmüt" gleich zweimal: Mit dem Groß-kreuz des Verdienstordens und dem Orden aller Orden, dem Großkreuz der Ehrenlegion.

Indes, vom Papst hat der Katholik Kohl keine Auszeichnung! Wo doch längst der eine oder andere Bundestagsabgeordnete vom Vatikan dekoriert wurde. Ist der Heilige Vater mit seinem 'Sohn' im Kanzleramt unzufrieden? Liegt's am § 218?

Vom Bundesverdienstkreuz, dessen kleine Anstecknadel Kohl täglich am Revers trägt, besitzt er nur die zweithöchste Stufe. Um die "Sonderstufe" zu bekommen, müßte er Bundespräsident werden. Aber das lehnte er ja ab. Dafür wurde Roman Herzog bei Amtsantritt mit dieser höchsten Auszeichnung automatisch ge-schmückt. Ungerechtigkeiten unter Großkopferten.

Seine Panzerlimousine:
Bisweilen schneller als erlaubt

Letzte Woche wurde ein Polizeifoto publik, das den Dienstwagen des Kanzlers mit Tempo 93 in einer Baustelle zeigte, wo nur 60 erlaubt waren, - Kohl allerdings auf dem Beifahrersitz, vorschriftsmäßig angeschnallt.

Den Normalbürger kostet eine derartige Übertretung 150 Mark und drei Punkte in Flensburg. Nicht den Fahrer der Kanzlerlimousine. Voraussetzung ist allerdings, daß im Wagen oder in einem Begleitfahrzeug Polizei mitfährt. Dann gilt nämlich Paragraph 35 der Straßenverkehrsordnung: "Von den Vorschriften dieser Verordnung sind die Bundeswehr, der Bundesgrenzschutz, die Feuerwehr, der Katastrophenschutz, die Polizei und der Zolldienst befreit, soweit das zur Erfüllung hoheitlicher Aufgaben dringend geboten ist..."

Zur "hoheitlichen Aufgabe" gehört, das Leben des Kanzlers (oder eines anderen gefährdeten Politikers) zu schützen. Also notfalls schneller zu fahren als erlaubt, um einen Terroristenanschlag zu erschweren. Daß wiederum zu schnelles Fahren - mit Tempo 200 nachts über die Autobahn, wie mit dem Kanzler selbst erlebt - das normale Unfallrisiko erhöht, ist die Kehrseite der Medaille.

Kohl machte mit 18 den Führerschein, steuert aber nicht mehr selbst, seitdem er Kanzler ist. Zu groß wäre der Rummel, würde er am Steuer in einen Unfall verwickelt. Überhaupt, jede Form des unangenehmen Auffallens im Verkehr ist ihm peinlich.

Vor Jahr und Tag wollte er den Fotografen Helmut R. Schulze und mich zu Kaffee und Kuchen in einen pfälzischen Gasthof einladen. Wir fuhren in Schulzes Wagen, ohne Polizeibegleitung, Kohl auf dem Beifahrersitz. Eine Straße im Ort war wegen Straßenbauarbeiten nur für Anlieger frei. Schulze fuhr trotzdem weiter, blieb stecken, mußte wenden. Gestörte Anrainer schauten mit grimmigen Gesichtern aus den Fenstern. Flugs klappte der Kanzler die Sonnenblende runter, um nicht erkannt zu werden - obwohl er völlig schuldlos war.

Die Foto-Galerie des Kanzlers
Bunt und amüsant

Ausgerechnet beim Kanzler, der den 'Spiegel' aus Prinzip nicht liest, hängt auf dem Flur schräg gegenüber seines Arbeitszimmers schön weißgerahmt eine Titelseite des Hamburger Nachrichtenmagazins. Wie das?

Reine Schadenfreude. Es handelt sich um einen Titel, der für das Heft 40/1982 und den Fall geplant war, daß es Kohl nicht gelingen würde, SPD-Kanzler Schmidt mit einem Mißtrauensvotum im Bundestag zu stürzen. Man sieht einen birnenförmigen Kohl, der gerade vom Ast fällt. Text: "Kohl gescheitert - Birne darf nicht Kanzler werden".

Als Kontrastprogramm zu dieser Fehleinschätzung hängen anschließend auf beiden Flurseiten 32 ebenso gerahmte, 28x38cm große Farbfotos, die den Doch-noch-Kanzler Kohl in action zeigen. Zum Beispiel mit den Großen dieser Welt: mit Clinton lachend im Oval Office, mit Jelzin tuschelnd auf dem Münchner Weltwirtschaftsgipfel, mit König Hussein und Yitzhak Rabin in einem Beduinenzelt, mit der Queen, dem japanischen Kaiser, dem schwedischen König, Arafat, Richard von Weizsäcker, Henry Maske...

Zu sehen auch Fotos, die weniger den Amtsträger als den Menschen Kohl zeigen - wie er sich eine geschenkte Krawatte mit Eisbärmotiven umbindet (in Kanada), hemdsärmelig auf dem Tafelberg in der judäischen Wüste am Toten Meer steht (bei 42 Grad im Schatten), mit Berti Vogts und Fritz Walter fröhlich einander zuprostend (auf seinem Sommerfest)...

Kohls Staatsminister Schmidbauer hatte die Idee. "Wenn früher Besucher ins Kanzleramt kamen, gab es - im Gegensatz zum Weißen Haus - keine Bilder, die den Hausherrn und seine Aktivitäten darstellen. Also hab' ich gesagt: 'Leute, da muß was her.'"

Und weil bekanntlich ein Foto mehr aussagt als tausend Worte, werden die Bilder laufend aktualisiert. Gutweil für jeden Besucher.

Mit ein paar Tricks nimmt er Besuchern die Scheu

Die meisten Besucher, die den Kanzler zum ersten Mal in seinem Arbeitszimmer besuchen, sind befangen. Als der chinesisch-amerikanische Stararchitekt Ieoh Ming Pei, der in Berlin im Auftrag Kohls das Deutsche Historische Museum mit einem kühnen Erweiterungsbau bereichern soll, beim Kanzler angesagt war, fragte er besorgt: "Wie soll das denn werden? Er spricht kein Englisch und ich kein Deutsch."

Nach der Begrüßung - Museumsdirektor Prof. Stölzl war mitgekommen - bat der Kanzler die Herren Platz zu nehmen. Er wolle ihnen erst einmal von seinem CD-Player etwas Mozart vorspielen. So geschah es. Andächtig lauschte die Herren den silberhellen Trompetenklängen einer Bläserserenade.

Pei: "Danach hatten wir nicht die geringsten Verständigungsschwierigkeiten. Die Sprache der Musik ist internationale. Außerdem: Ich liebe deutsche, klassische Musik"

Für Kohl war es ein Leichtes, im folgenden Gespräch den 80jährigen Architekten, der mit seinen Bauten, wie der Kennedy-Bibliothek in Boston und der Louvre-Pyramide in Paris, Weltruhm genießt, für das 110 Millionen Mark-Projekt in Berlin zu gewinnen.

Anderen Besuchern nimmt Kohl die Scheu, indem er sie in seinem 100qm großen Arbeitszimmer - fast auch schon ein Museum - herumführt: Eine Steinsammlung, darunter ein australischer Exot mit einer kleinen Goldader; die Münzenkollektion auf seinem Schreibtisch, einige mit interessanten Stadtprägungen; die Kohl'sche Pfeifensammlung mit der "Navy Cut"-Tabakdose, zum Teil Geschenke von ausländischen Staatsmännern.

Und schließlich das 240-Liter-Aquarium mit vorwiegend südamerikanischen Fischen. Wenn Kohl dann die einzelnen Arten erklärt - "Der Freche da, das ist ein Goldskalar, dahinten sind Neonfisch" -, vergißt der Gast die Angst vor dem Kingsize-Hecht Kohl.

Faxgeräte - für Kohl ein Werk des Teufels

Als sich auf einer CDU-Klausurtagung Landesfürst Blüm (NRW) und Niedersachens CDU-Spitzenkandidat für die Landtagswahl, Christian Wulff, stritten, wer wem was öffentlich, in Briefen oder per Fax an den Kopf geworfen hätte, funkte Kohl dazwischen: "Das Fax ist ein Werk des Teufels!"
Was hat er gegen die zweitwichtigste Erfindung auf dem Gebiet des Nachrichtenaustausches nach der Einführung des Computers?
Ein Mitarbeiter: "Ihn ärgert, daß er inzwischen alle wichtigen Mitteilungen zweimal bekommt: Erst als Telekopie über Fax, dann im Orginal per Brief. Sogar die Großen dieser Welt, die ihn anschreiben, halten es mittlerweile so." Und da er ein derartiges Gerät inzwischen auch in Oggersheim installiert bekommen hat, schlängelt sich bedrucktes Endlospapier via Telefonleitung ins Kohl'sche Eigenheim.
Bedient wird es von seiner Frau. Er hält's mit dem verstorbenen Historiker Golo Mann. Dessen Standpunkt lautete: "Für diese Faxen bin ich schon zu alt."
Schreibcomputer? Steht im Kanzler-Vorzimmer, bleibt aber für ihn ein Rätsel. Laptop? Ist etwas für seine Söhne. "Es gibt Dinge, die kann man, und andere, die kann man nicht."
Wenn zu Haus das Wasser in der Waschmaschine nicht ab- oder überläuft? Hannelore Kohl ist der Oberingenieur der Familie. Ehe er die Spülmaschine anwirft, stellt er sich lieber, wie einst die Omma, ans Becken, wäscht Gläser, Teller, Messer, Gabel mit Hand und Bürste ab.
Am Auto basteln? Seit er Kanzler ist, chauffiert er, wie gesagt, nicht mehr. Auch nicht am Wochenende. Und wenn der Fahrer frei hat? "Haaanelore!" Der Kanzler und die Technik...!

Zu Gast beim Kanzler
"Es muß mehr g'soffe werd'n"

Auf der Rückseite des Briefumschlages stand als Absender in großen Buchstaben: "Bundesrepublik Deutschland - Der Bundeskanzler". Hatte ich irgend etwas geschrieben, was ihn geärgert haben könnte? Mitnichten. Eine Einladung "zu einem Pfälzer Nachmittag und Abend in St.Martin".

Ich war nicht alleine gebeten. Etwa 140 Journalisten hatte er an die südliche Weinstraße eingeladen. Getafelt wurde auf einem Bergplateau mit selten schöner Fernsicht über das Rheintal bis zum Schwarzwald. Kohl als Freund von gutem Essen und ausgezeichneten Getränken - da gibt es nichts zu kritteln. Im dunkelgrünen Wildlederblouson, ohne Krawatte, in der Linken ein Glas Portugieser Rotwein begrüßte er uns launig: "In dieser Gegend sprach Theodor Heuß (erster Nachkriegs-Bundespräsident) den klassischen Satz: 'Es muß mehr g'soffe werden. Herzlich willkommen!"

Er ließ auffahren: Saumagen, Fleischknepp mit Meerrettich, Ochsenbrust, Wildragout mit Klöß, Wurstauflauf, Schwartemagesalat, Handkäs "mit Musik", Dampfnudle mit Wei'soß, Kerscheplotzer. Wein, Bier, Schnaps. Vorsorglich hatte er für Hin- und Rückfahrt einen Sonderzug gemietet. Hannelore Kohl, mit dabei: "Wir wollen nicht für abgenommene Führerscheine verantwortlich sein."

Ihr Mann ging von Tisch zu Tisch, fühlte sich heimisch wie sonst nicht in Bonn: "Die nächste Wahl gewinn' ich... Die Republikaner schaffen's nicht... Ich wette, der Lafontaine kommt wieder". Zwischendurch Weinfaßrollen und Schubkarren-Wettlauf. Die Teilnahme überließ er seinem Fahrer "Ecki" Seeber, der meistens gewann. Kurz nach 22 Uhr winke-winke, die Journalisten fuhren zum Bahnhof. Zurück beim Wein blieb der Kanzler. Über seinem Bauch lächelte ein fröhlich Haupt.

Einst 'Enkel'- nun Opa

Kohl ist Großvater geworden! Seinem ältesten Sohn Walter wurde Anfang 1997 ein gesunder Sohn geboren. Er erhielt die schönen Namen Johannes-Benedikt.

Nun ist kaum anzunehmen, daß Helmut Kohl die Politik sausen läßt, um in seiner neuen Rolle als Großvater aufzugehen. Aber für seine Frau Hannelore bietet das Neugeborene die Möglichkeit, sich, neben ihrer gemeinnützigen Tätigkeit als Präsidentin der ZNS-Stiftung, verstärkt um die Familie zu kümmern. Ihr ist eine neue Aufgabe zugewachsen.

Das beinhaltet auch, das neue Familienmitglied weitgehendst von der Neugier der Medien abzuschirmen. Während der Kanzler da gelassener ist, kämpft sie wie eine Löwenmutter um die Erhaltung des Privatlebens. Die Tatsache, daß die Geburt von Johannes-Benediktin zunächst unter der Decke gehalten werden konnte, erfüllte sie gleichermaßen mit Stolz und diebischer Freude.

Diese Reaktion ist verständlich, wenn man weiß, welchen Unwillen Politikerkinder gelegentlich ausgesetzt sind. Manuela Mende, die inzwischen längst erwachsene Tochter des ehemaligen Vize-kanzlers und FDP-Vorsitzenden Erich Mende, wurde als Sieben-jährige völlig überraschend auf dem Schulhof von einem Mit-schüler verhauen und getreten, mit der Begründung: "Du bist eine Mende!"

Manuela später zu ihren Eltern: "Kann ich nicht anders heißen?"

Wie dem auch sei, für "Opa" und "Omi" Kohl besteht jetzt erst einmal Anlaß zur Freude.

Von Roman Herzog und anderen

Die heimlichen Leiden des Bundespräsidenten

Der 'Spiegel' beschrieb einmal den etwas schwerfälligen Gang des Bundespräsidenten als "Neigung zum Watschelgang". Es spricht für Roman Herzogs starke Persönlichkeit, daß er nicht beleidigt reagierte, sondern diese Formulierung zur Belustigung seiner Zuhörer in seiner Rede zum 50jährigen Bestehen des Nachrichtenmagazins zum Besten gab.

Sein oft staksiger Gang hängt mit einer langjährigen Behinderung zusammen: Herzog leidet seit Jahrzehnten im rechten Bein an Thrombosen. Als am 23. Mai 1994 im Berliner Reichstag seine Wahl zum Bundespräsidenten anstand, mußte er sich zuvor vom Arzt eine Spritze verpassen lassen ("Wogegen ich eigentlich bin"). Er befürchtete, ohne diese Injektion das Podium zum Rednerpult nicht erklimmen zu können, um seine Dankesrede zu halten.

Hinzu kommt, daß er seit einiger Zeit auf derselben Körperseite an einem Leistenbruch leidet und Schwierigkeiten beim Aussteigen aus dem Auto hat - insbesondere dann, wenn der Wagen nicht dicht genug an der Bordsteinkante hält. Bei seinen repräsentativen Verpflichtungen als Staatsoberhaupt sehr hinderlich. Eine Operation wurde fällig.

Jetzt versteht man auch besser, warum Herzog keine zweite Amtszeit will. Kaum ein Mann über 60 - schon gar nicht, wenn er wie der Kanzler auf die 70 zugeht - ist ohne körperliche Beschwerden.

Helmut Kohls Spruch, "Die beste Mitgift vom lieben Gott ist meine Gesundheit", hat man von ihm schon länger nicht mehr gehört.

Kanther, der Schwarze Sheriff
Wie hart ist er wirklich?

Sein Kinn wirkt kraftvoll, aber der Händedruck ist butterweich. Für die Süddeutsche Zeitung ist er "blind, taub, ohne Gefühl auch nur für einen Rest von Humanität". Seine Leibwächter dagegen finden: "Er vermittelt jedem einzelnen schon bei der Begrüßung täglich ein Stückchen Würde." Wo liegt die Wahrheit?
Manfred Kanther selbst hat Mühe, sein Innenleben preiszugeben, etwa seinen Hauptcharakterzug zu nennen. "...sollen andere sagen." Die im Fragebogen der Frankfurter Allgemeinen gestellte Frage "Wie möchten Sie sterben?" beantwortet er "ohne Kommentar."
Geht er aufs Bundeshaus zu - cooler Blick aus blauen Augen, dunkler Anzug, weißes Ziertaschentuch akkurat gesteckt -, umgibt ihn würdevolle Unnahbarkeit: er einsam vorneweg , hinter ihm in V-Form seine Bodyguards. Stoltenberg 2.
Zu Hause in Wiesbaden, in modisch weitem Pullover, Schiller-kragen ohne Schlips, kann er sogar richtig lachen und sieht plötzlich mit seinem weißen Haar wie Blacky Fuchsberger aus. Arbeit und ein harmonisches Familienleben, das sind die Pole, zwischen denen sich der 58jährige Vater von sechs, zumeist erwachsenen Kindern, und Ehemann einer ehemaligen Zahnärztin, die er zärtlich "Bärbel" nennt, bewegt.
Hie wie da muß vor allem alles seine Ordnung haben. Er steht um 6 Uhr oder noch früher auf, um sich ohne Hetze auf den Tag vor-zubereiten. "Ich muß dafür mindestens eine Stunde haben". Und wenn sieben Sudanesen nach zweimaliger Überprüfung durch das Bundesverfassungsgericht gnadenlos abgeschoben werden, gehört das auch zu seinem Begriff von (Recht und) Ordnung.
Indes, an dem Vorwurf, "als Christ versagt zu haben" (SPD-MdB Däubler-Gmelin), kaut er schwer.

Genschers Lieblingsgeschichte

Letzten Donnerstag Genscher besucht. Er hustete noch ab und zu nach schwerer Bronchitis im Dezember, aber sonst quickfidel. "Old Genshman" gab eine herrliche Geschichte zum besten:
1962 kam ein afrikanischer Präsident auf Staatsbesuch nach Bonn. Im Gespräch mit Kanzler Adenauer brachte er eine Bitte vor: Könnte nicht die reiche Bundesrepublik den wenigen, noch lebenden afrikanischen Kolonialsoldaten, den "Askaris", die im ersten Weltkrieg auf deutscher Seite gegen die Engländer kämpften, eine kleine Rente zahlen? Die Herren einigten sich auf monatlich 100 Mark pro Nase.
Es gab zwar Krach in der Koalition, weil der damalige Finanzminister Starke (FDP) gegen die eigenmächtige Ausgabenbewilligung des Kanzler protestierte, jedoch Adenauer setzte sich durch. Aber: wie stellte man nach über 45 Jahren fest, wer wirklich Askari war? Unterlagen im Urwald? Unwahrscheinlich. Fotos von damals? Könnte auch der Bruder gewesen war.
Da kam dem deutsche Botschafter vor Ort eine geniale Idee. Er verkündete über Radio, Presse und Buschtrommel, daß sich zwecks Rentenbewilligung alle ehemaligen Askaris an einem bestimmten Tag bei der Botschaft zu melden hätten. Hinter der Botschaft ließ er ein abgezäuntes Areal errichten, in das die zu Hunderten herbeiströmenden Schwarzen eingewiesen wurden. Dann wurden sie einzeln ins Haus zum Botschafter vorgelassen.
Der befahl mit bellender Kasernenhof stimme: "Stillgestanden! Die Augen links! Augen gerade aus! Rührt Euch!" Wer wirklich Askari war, knallte die Hacken zusammen, führte die Befehle korrekt aus und - bekam die Rente. Wer regungslos verharrte, weil er die militärischen Kommandos nicht verstand, war als versuchter Rentenbetrüger entlarvt.
Genscher: "Dem Botschafter müßte man noch heute ein Denkmal setzen."

Der Arbeitsminister und der 'Blüm-Beck-Rap'

Daß Politiker für ihre Kinder keine Zeit haben, ist die Regel. Aber es gibt Ausnahmen. Eine heißt Norbert Blüm. Als seine drei Kinder kurz hintereinander heirateten, kümmerten sich der Minister und seine Frau Marita mit viel Hingabe und Einfallsreichstem um die Ausgestaltung der Hochzeiten.

Im Mai ehelichte Tochter Katrin (27), Architektin, ihren ehemaligen Kommilitonen Thomas Beck. Die Blüms nahmen vorher noch einmal Tanzunterricht, lernten "Rap", jene aggressive Musik aus den amerikanischen Ghettos, die aus harten Rhythmen und gereimten Texten besteht. Sie komponierten selbst ein Stück und tanzten auf der Hochzeit im Playback den "Blüm-Beck-Rap".

Als Sohn Christian (29), Student an der Musikhochschule, im Juni unter die Haube kam und in einem italienischen Alpen-Feriendomizil seine Sabine heiratete, gaben die Eltern ein kleines, lila gebundenes Hochzeitsbuch heraus. Es enthielt Gedichte, angefangen von Goethe bis zu den Beatles ("Happiness is a warm gun"), Briefe von Berühmtheiten ("Paulus an die Korinther") sowie Lebensweisheiten, zum Beispiel Heinrich Heines Reflexionen über die Liebe: "Was Prügel sind, das weiß man schon. Was aber die Liebe ist..."

Und als Blüms Jüngste, Annette (24), künftige Lehrerin, den BWL-Studenten Kai Weckner auf der Rheininsel Nonnenwerth das Ja-Wort gab, hatten die Eltern ein Video produziert. Darauf die "Tagesschau aus dem Jahre 2044", mit Verkehrsfunk ("Achtung alle Autofahrer in Richtung Afrika: Stau im Tunnel Marseilles-Tunis!") und der Wettermeldung, verlesen von Marita Blüm: "Heute beschränkte Bademöglichkeit an der Antarktis".

Nach dem Hochzeitsmarathon brachen "Nobbi" und "Marita" in einen dreiwöchigen Finnland-Urlaub auf. Von Rostock aus auf einem Frachter. Ohne Kinder. Blüm: "Ausgestiegen wird, wo Fracht abgeladen wird."

Wahrlich ungewöhnliche Eltern.

Toni Pfeifer - der getreue Helfer des Kanzlers

Im Team des Kanzlers steht er - bescheiden lächelnd - im zweiten Glied. Aber nicht irgendwo, sondern zum Beispiel neben Juliane Weber, Kohls rechte Hand. Anton ("Toni") Pfeifer, Jahrgang 1937, Staatsminister beim Bundeskanzler, Schwabe, Gourmet mit Ansatz zum Doppelkinn, kennt Kohl seit 31 Jahren, zählte bereits zu Oppositionszeiten mit Schäuble, Rühe, Schulte zu dessen loyalsten Kampfgefährten. Als sein Boß an die Macht kam, wäre Pfeifer - Volljurist, bildungspolitischer Sprecher der CDU/CSU-Fraktion - wahrscheinlich zur Belohnung Bildungsminister geworden. Indes, aus landsmannschaftlichen Rücksichten bekam die Rheinländerin Wilms den Posten. Pfeifer wurde ihr Stellvertreter. Wieder zweites Glied, aber kein Grund etwa zum Abwandern an die gefüllten Tröge der Wirtschaft.

1991 holte Kohl den getreuen Paladin ins Kanzleramt. Daß Pfeifer Duz-Freund, Trauzeuge und Tennispartner von Kinkel ist, war für die Beziehungspflege zum Koalitionspartner FDP nützlich. Pfeifer kümmerte sich im Kanzleramt um kulturelle Belange, setzte zum Beispiel Kohls Idee vom Bonner Haus der Geschichte in die Tat um.

Allerdings, sein wichtigstes Aufgabengebiet ist, im Vermittlungsausschusses zwischen Bundestag und Bundesrat, wo auch die umstrittene Erhöhung der Abgeordnetendiäten landen könnte, Feuerwehr zu spielen, Kompromisse zu finden. Am liebsten löscht er, bevor es brennt. Zusätzlich ist er Vorsitzender des CDU-Fachausschusses für Medienpolitik, mithin Kohls Daumen auf die Multimediawelt der Zukunft.

Alles stille Kärnerarbeit im Hintergrund. Aber immer im Zentrum der Macht. Selbst abends noch, wenn im Kanzlerbungalow getafelt wird. Kohl: "Toni, iß nicht soviel Spaghetti."

Was Waigel 'Parteifreund' Stoiber nie verzeihen wird

Wer brät wem eins über - der Waigel dem Stoiber oder der 'Edy' dem 'Theo'?

Das Katz- und Mausspiel der beiden bekam durch ein 'Spiegel'-Interview mit dem CSU-Vorsitzenden und Finanzminister Waigel diese Woche neue Aktualität. Auf den Vorhalt, der bayerische Ministerrpäsident Edmund Stoiber betreibe insgeheim die Demontage seines Parteifreundes, "um sich im ersten Schritt zu höheren Ansprüchen (Kanzlerschaft?) den Posten des CSU-Vorsitzenden zu sichern", antwortete Waigel nicht etwa: "Alles Quatsch", sondern nahm die Frage ernst: "Dann würde er (Stoiber) sich selbst demontieren." Donnerwetter!

Im Moment hat Waigel die bessere Position. Bei sachlichen Meinungsverschiedenheiten - Autobahn-Vignette, Vermögenssteuer -, gab Stoiber klein bei. Außerdem: Während der einjährigen Bundesratspräsidentschaft des bayerischen Ministerpräsidenten vermochte dieser nicht, die Blockadepolitik der SPD-regierten Länder aufzubrechen. In Bonn wird mit Wasser und nicht mit "Paulaner" gekocht.

Bleiben persönliche Animositäten: Waigel hat nicht vergessen, daß er in den Achtzigerjahren als CSU-Landesgruppenchef im Bundestag von seinem Parteichef Strauß Feuer unter den Hintern bekam, und Stoiber als Lieblingsjünger Franz Josefs genüßlich ein Brikett drauflegte. Zweitens wurde 'Theo' nie den Verdacht los, daß nach dem Tod von Strauß (1988), beim Kampf zwischen ihm und Stoiber um das Amt des bayerischen Ministerpräsidenten (1993), sein Widersacher der Presse Infos über Waigels damals ungeordnete Eheverhältnisse zuspielen ließ - was der bestritt.

Sei's drum, die "Claims" werden garantiert neu abgesteckt.

Wolfgang Schäuble: Im Rollstuhl auf 'Vormarsch'

Grünes Sportjackett mit poppig gelbgepunkteter Krawatte. Kontrastprogramm zur Traurigkeit des Rollstuhls. Autofahren mit Behinderten-Schaltung: Linke Hand am Steuer, mit der rechten einen Kombinationshebel für Gasgeben und Bremsen bedienen. Selbständigkeit zurückgewinnen. Millimeter für Millimeter. Haushaltsdebatte. Schäubles Stimme ist messerscharf, vielleicht zu scharf: "Herr Klose, der seine Rede so vernünftig begonnen hat, dann doch wieder zur Verteilung von Besitzständen kommt..." Der Angesprochene sitzt in der ersten Reihe, denkt: Da ist es wieder - jenes Quäntchen Rücksichtslosigkeit, das mir Schäuble voraus hat. Wolfgang Schäuble, Jahrgang 1942, Mann auf dem Vormarsch. Im Sommer noch Brust an Brust mit Rühe. 'Die Welt': "Neben Schäuble ein weiterer Kronprinz?" Inzwischen ist Schäuble erklärter Favorit des Kanzlers. Kohl überträgt ihm die Umsetzung der wichtigsten Reformen, von denen seine Wiederwahl und damit das Schicksal dieser Regierung abhängen: Asyl, Blauhelm-Einsätze (Schäuble: "Den Frieden gibt es nicht zum Nulltarif"), Pflegeversicherung, Solidarpakt. Wenn die Verhandlungskünste des Kanzlers erschöpft sind - die notwendige Einigung mit der Opposition im Vermittlungsausschuß von Bundesrat und Bundestag ansteht, schlägt einmal mehr Schäubles Bewährungsstunde.
16-Stundentag, jederzeit das Ohr des Kanzlers. Telefoniert mindestens einmal pro Tag mit ihm, nimmt regelmäßig an kleinen Arbeitsessen im Kanzler-Bungalow teil. Schäuble mahnt die Beiträge der Länder und Gemeinden zum Solidarpakt an, kontert eiskalt, wenn Sachsen-König Biedenkopf pro Jahr 100 Milliarden Mark mehr für die Neuen Bundesländer haben will: "Dann muß er sie drucken lassen."
Er leitet die 318-kopfstarke Fraktion mit Präzision, hat die Fakten im Kopf. Wird ungeduldig, gelegentlich verletzend, wenn die Probleme beflissen beschrieben, jedoch keine Lösungen mitgeliefert werden. "Diagnosen kann jeder stellen. Wo bleibt die Therapie?" Im Rollstuhl hat er die Hände meist gefaltet, ihn fröstelt.

Rühe: Geduld zahlt sich langsam aus

Ernst-Dieter Lueg, vormals ARD-Studioleiter Bonn, ist neuerdings als Vortragsreisender auf Kreuzschiffen gefragt. Gleich während des ersten Mittelmeer-Törns auf der "Aida" machte er eine erstaunliche Feststellung: In der anschließenden Diskussion wurden vom Publikum - vorwiegend Unternehmer und Manager zwischen 30 und 40 - wiederholt nach Verteidigungsminister Rühe im allgemeinen und seinen Chancen als Kanzlernachfolger im besonderen gestellt!

Unterschwellig, aber aus gefühlvoller Rücksichtnahme nicht offen gefragt: Ob der Rollstuhlfahrer Schäuble nicht - wenn es denn so weit sei - mit dem Kanzlerjob physisch überfordert und darum Rühe der wahrscheinlichere Kronprinz sei?

Noch liegt CDU/CSU-Fraktionschef Schäuble laut BILD-Umfragen (vom September/Oktober 1997) in der Gunst der Bevölkerung mit einem "Schulnoten"-Durchschnitt von 2,9 knapp vor dem sieben Tage jüngeren Volker Rühe mit 3,1. Und beim Kanzler sowieso: "Ich wünsche mir, daß Wolfgang Schäuble einmal Bundeskanzler wird." Aber, zudem nach einem Schnellkurs auf einer Schule des Lächelns, könnte Rühe eines Tages die Nase vorn haben.

Der CDU-Bundestagsabgeordnete Pflüger in "Talk im Turm" von Erich Böhme nach potentiellen Führungspersönlichkeiten gefragt, die im Fall der Fälle Kohl ersetzen könnten, nannte Rühe zu erst! Hinterher: "Ich lege wert auf die Feststellung, daß das die alphabetische Reihenfolge war." Freud läßt grüßen!

Zweifelsohne, der lange Zeit als Raubauz der Politik abgestempelte Rühe hat durch umsichtiges und geschicktes Auftreten eine persönliche Imageaufwertung erfahren und gleichzeitig erreicht, daß im Parlament wie in der Öffentlichkeit die einst umstrittenen Auslandseinsätze der Bundeswehr inzwischen als humanitär unumgänglich gelten.

Der "neue Rühe" paart Ambition mit Geduld. Das beginnt, sich auszuzahlen. Auch für die Chancen des vielleicht Doch-noch-Kronprinzen.

Blüm und Seehofer: Eine Freundschaft kühlt ab

Wie die beiden dänischen Filmkomiker Pat und Paterchon aus den Vorkriegsjahren - der kleine Dicke und der nicht so dicke Lange - war das Bonner Duo zwar nie ein Herz und eine Seele, aber es pflegte lange Zeit gute Kameradschaft und produzierte wichtige Gesetze zum Wohle der Allgemeinheit (Große Rentenreform, Soziale Wiedervereinigung, Vorbereitung der Pflegeversicherung). Blüm als Bundesminister für Arbeit und Sozialordnung, Seehofer damals als dessen Parlamentarischer Staatssekretär.

Pat und Paterchon drehten zusammen 46 Filme. Jedoch Paterchon begann sich im Laufe der Jahre auf merkwürdige Weise zu verändern. Er sah auf seinem Auto grüne Männchen, ließ sich Bleiplatten in sein Jackett einarbeiten und trug Kohlestifte in den Hosentaschen, um sich vor vermeintlichen Todesstrahlen zu schützen. Auch Horst Seehofer veränderte sich.

Er wurde selber Big Boß (Minister für Gesundheit), bekam, wo Paterchon grüne Männchen sah, einen Bundesadler und fand plötzlich nicht mehr alles gut, was sein einstiger Kamerad macht. Zunehmend brach er in die Domäne des Arbeitsministers ein und produzierte Schlagzeilen, die dem Ex-Kompagnon nicht gefallen konnten: "Seehofer für Änderung der Rentenfinanzierung", "Seehofer für Verschiebung der 2. Stufe der Pflegeversicherung!", Seehofer gegen Finanzierung der Behandlungspflege durch die Krankenkassen"...

Nun sagt Blüm: "Ich bin enttäuscht. Der Horst ist doch mein Ziehsohn. Deshalb schütze ich ihn auch. Aber er ist zu einer populistischen Philosophie (gemeint: Dem Volk aufs Maul schauen) übergelaufen."

Theo Waigel am Grab seines gefallenen Bruders

Heute noch Abschlußkundgebung in Augsburg und München, dann hat auch CSU-Chef Waigel den Wahl-Marathon (100 Veranstaltungen) hinter sich. Morgen, am ersten freien Tag, besucht er das Grab seines einzigen Bruders, August ("Guschtl") Waigel, auf dem deutschen Soldatenfriedhof im elsässischen Nierderbronn, nördlich von Straßburg.

"Guschtl" fiel als 18-jähriger am 30. September 1944 bei schweren Abwehrkämpfen im Raum von Thionville. Vor heftigem Artilleriebeschuß in einer Scheune scheinbar Deckung findend, schlug ein Volltreffer ein. Er und seine Kameraden verbrannten. Jetzt ruhen seine sterblichen Überreste mit 15 500 deutschen Kriegstoten auf besagtem Friedhof. Jeweils 4 Gefallenen ist einer der kreuzartigen Grabsteine gewidmet. Theo Waigel weiß erst seit kurzem um das Grab seines Bruders: Block 25, Reihe 9, Grab 178. Lange galt "Guschtl" als verschollen. Hätte er überlebt, was wäre aus ihm geworden?

Gestern besuchte ich diesen Soldatenfriedhof. Nur 20 Kilometer weiter wurde ich - selber Jahrgang wie Waigels Bruder - im Januar 1945 verwundet. Im Block 16 liegen schnurgerade in Reih' und Glied wie zum letzten Appell angetreten Gefallene derselben Schlacht. Womit hatte man das Glück verdient, jetzt nicht dort auch zu liegen?

Da ruhen die Zwillingsbrüder Friedrich und Josef Rihm - 19jährig am selben Tag gefallen. So wie vier Wehrmachtshelferinnen. Auch sechs junge Oberfähnriche starben an einem Tag. Vielleicht erschossen, als sie sich schon ergeben hatten?

Auf daß sich der Wahnsinn des Krieges wenigstens zwischen Deutschen und Franzosen nicht wiederhole, weiht Theo Waigel am Rande des Friedhofs eine deutsch-französische Jugendbegegnungsstätte ein.

Trauerakt für "Johnny" Klein:
plötzlich jedermanns Freund

Staatstrauerakt im Bundestag für Vizepräsident "Johnny" Klein. Weiße Lilien und Chrysanthemen, Bach-Musik in d-Moll, Präsidentin Süssmuth: "Jeder weiß um den Schmerz des Verlustes." Waigel droht die Stimme zu versagen: "Wir haben einen großartigen Menschen verloren." Sogar die Grünen tragen Dunkel.

Der Kanzler und Kinkel fehlen entschuldigt (OSZE-Konferenz Lissabon), bei der SPD muß das Fehlen noch begründet werden: von 252 Abgeordneten sind nur 28 erschienen.

In der ersten Reihe auf ungewohntem Platz, blaß aber gefaßt, die Frau des Verstorbenen, Ira Klein, geborene Rußlanddeutsche. Keine leicht Ehe, doch von Bestand. 38 Jahre! Mit 15 ihren "Johnny" kennengelernt, mit 17 verlobt, mit 19 geheiratet. Vier Kinder, eines krank geboren. Es lag bereits im Sterben, als ihr Mann von einer Wahlkampfreise zurückkam. Politikerehe.

Jeder der Trauergäste hat ganz persönlichen Erinnerungen. Ohne "Johnny" wäre ich nicht auf jenem inzwischen historischen Foto verewigt, daß Kohl und Gorbatschow im Juli 1990 beim Besiegeln der deutschen Einheit im Kaukasus zeigt. Unter 150 akkreditierten deutschen Journalisten wählte Klein fünf aus, die dabei sein durfte. Ich war einer.

Auf der Tribüne erinnert sich der Abteilungsleiter im Presseamt, Manfred Obländer, viele Jahre Kleins Mitarbeiter, wie er während einer Lateinamerikareise auf Grund eines Versehens der Hoteldirektion Kleins VIP-Suite bezog, der statt dessen ein Zimmer "nach hinten raus" bekam. "Behalte und genieße es," war "Johnnys" Reaktion. Kumpel und Gentleman zugleich.

Ein anderer unter den Trauernden gestern erinnert, wie Hans Klein Anfang der Siebzigerjahre gern Pressesprecher der CSU geworden wäre, er dem Generalsekretär aber nicht genehm war! So ist das Leben. Mal auf, mal ab. Und nun, da es plötzlich zu Ende ist, will jeder "Johnnys" Freund gewesen sein.

Was man in Bonn wissen muß

Ganz schön kompliziert:
Der Bonner Polit-Knigge

Flattert da eine Einladung zum 70. von Graf Lambsdorff (FDP) auf den Tisch: "Bonner Redoute am 20. Januar 1997, 17.00 Uhr s.t. ." "s.t."? Das ist lateinisch: sine tempore. Gemeint: ohne Zeit(zugabe), pünktlich! Das muß man erst einmal draufhaben.

Bittet der französische Botschafter zum Konzert auf Schloß Ernich, steht auf der Einladung als Hinweis, was man anzuziehen hat: "cravate noire". Schwarze Krawatte? Nein, Smoking! Die Bonner Benimmregeln geben Rätsel auf.

Fragte meine Frau mich jahrelang, wenn wir bei einem Staatsempfang in der Gästeschlange bereit zum Händeschütteln mit dem Bundespräsidenten und seiner Frau standen: "Wem gebe ich zuerst die Hand?" Inzwischen weiß sie es: Ihm, dem Staatsoberhaupt. Trifft man die beiden privat, gilt natürlich: Ladies first!"

Wie redet man jene korrekt an, die nicht mehr in Amt und Würde sind? Ex-Generäle, wie Günter Kießling, mit "General". Auch ehemalige Botschafter werden mit dem alten Dienstgrad angesprochen. Wer dagegen Helmut Schmidt mit "Herr Bundeskanzler" anspricht, wird von ihm angeknurrt: "Mein Name ist Schmidt." Also, Zurückhaltung mit den alten Titeln bei Politikern.

Vorsicht auch beim Anlegen von Orden! Sie werden zum Beispiel nicht am Smoking getragen! Auch dann nicht, wenn ein hoher Bonner Politiker stets die Miniaturausgabe des Bundesverdienstkreuzes am Smokingrevers trägt. Weizsäcker: "Daß der Kerl das nicht kapiert!"

Politiker sind nicht unbedingt Vorbild im korrekten Benehmen. Waigel hat die Hand in der Hosentasche, wenn er auf den Start der Telekom-Aktie anstößt. Lafontaine, wenn er im Bundestag spricht, Joschka Fischer gar, wenn er vor Fahnen anderer Nationen steht.

Neuer Bonner Trend
Stehparties bis zum Umfallen

Partygänger kommst Du nach Bonn, bring' Stehvermögen mit! Sitzgelegenheiten gibt es nur für staatstragende Wichtigkeiten und Oldies. Mit dieser Masche kriegt der Gastgeber mehr Eingeladene unter - mögen sie verkeilt wie zur Rush-hour in der U-Bahn stehen. Kohl fing damit bei seinen Ausstellungen im Kanzleramt an: 30 Stühle für etwa 900 Gäste. Andere zogen nach. So die FDP bei der Nachfeier für Graf Lambsdorffs Siebzigsten: vorn drei Stuhlreihen, der Rest der über 500 Gäste, darunter Genschergattin Bärbel und VW-Aufsichtsrat Hahn, muß stehend vier Reden anhören.

Erst wird dem Eröffnungsredner schlecht ("Kann ich bitte mal ein Glas Wasser haben?"), später kippt einer der Stehgäste um ("Ist ein Arzt im Raum?"). Frau Dr. Odewald, Narkoseärztin, Gattin des Ex-Kaufhofchefs, leistet erste Hilfe.

Rita Süssmuth kommt wie gewohnt zu spät. Hätte sie nicht einen Hubschrauber nehmen können? Sie darf sich natürlich setzen. Kohl trifft auch zu spät ein, stöhnt über Staus im Bonner Berufsverkehr. Stau? Komme er erst mal nach Berlin!

Seine Verspätung wie geschickte Regie: Gerade hat ein Bläserquintett die Bacharie beendet "Großer Herr und starker König." King Kohl: "Ich will einfach ein ganz herzliches Dankeschön sagen" - betet den Lebenslauf des Jubilars, den jeder kennt, runter ("Sie haben nie geklagt"). Stimme aus dem Hintergrund: "Zu Kinkels Sechzigstem sprach er herzlicher."

Ex-Bauministerin Schwaetzer verschwindet, noch während der Kanzler spricht. Ohne Amt auch für sie kein Sitzplatz. Der FDP-Bezirksvorsitzende Niederbayern, Freiherr von Gumppenberg, streicht im Nebenraum, wo die Luft besser ist, umher, erzählt von seinem Interview gegen den Euro.

Und die Abgeordnete Ina Albowitz macht überhaupt das Beste aus der Stehparty: Sie verteilt reihum unter Parteifreunden Küßchen. Viva Ina!

Staatsbesuch
Das große Drängeln. Jeder will dabei sein

Es war wie im Bilderbuch: weiße Villa, grüner Rasen, rote Rosen,
und dazu Kaiserwetter. Als Bill Clinton diesen Rahmen für seine
Begrüßung im Park der Villa Hammerschmidt erblickte, entfuhr es
ihm: "Wonderful!"
Früher wurden Staatsbesucher auf der tristen Betonpiste des Köln/
Bonner Flughafens begrüßt. Abgesehen von der wenig anmutenden
Umgebung gab es unnötige Komplikationen. Als der damalige
Bundespräsident Walter Scheel im Mai 1978 die Nummer 1 der So-
wjetunion, Leonid Breschnew, abholte, bestand der ebenfalls
herbeigeeilte Kanzler Schmidt darauf, mit den beiden in einem
Wagen zum Gästehaus der Bundesregierung zu fahren - Scheel und
Breschnew auf den Rücksitzen, davor Knie an Knie mit ihnen auf
Klappsitzen Schmidt und ein Dolmetscher.
Selbst als einen Monat später die offizielle Begrüßung für
Amerikas Präsident Jimmy Carter vor der Villa Hammerschmidt
stattfand, konnte es sich Schmidt wieder nicht verkneifen,
zusammen mit Frau Loki zum Flughafen rauszufahren. Da auch
Carter mit Frau und zudem Tochter anreiste, stellte sich wieder die
Frage: Wer fährt mit wem in welchem Wagen nach Bonn rein?
Über Funk wurde der bereits im Anflug befindliche Carter um
Entscheidung gebeten. Er beschied: "Wir fahren alle in einem
Wagen." Danach war die Panzerlimousine voll wie eine Studenten-
Ente.
Beim Clinton-Besuch wartete Kohl mit Frau Hannelore artig vor
der Villa Hammerschmidt in der Empfangsreihe, ließ Roman
Herzog die erste Geige spielen. Dem merkte man noch leichte
Unsicherheit an. Der Gleichschritt mit Clinton beim Abschreiten
der Ehrenformation wollte nicht klappen. Kunststück, zwei
Ungediente. Da wurde auch nicht beanstandet, daß beim Einmarsch
des Wachbataillons auf das Kommando "Ehrenformation halt!" die
Hälfte nachkleckerte wie ein junger Dackel, wenn er sich besonders
freut.

Was ist in Bonn noch geheim ?

Warum bleibt in Bonn (fast) nichts geheim? Angeblich nicht einmal ein Selbstgespräch! Beispiele aus meiner Praxis:
Im Innenministerium gab es einen Referenten - er lebt nicht mehr -, der konnte nicht länger zusehen, wie zum Himmel stinkende Skandale beim Verfassungsschutz weder abgestellt noch bestraft wurden. Er steckte mir die Fälle, ich veröffentlichte sie, den Bösewichtern wurde das Handwerk gelegt.
Da war die Ehefrau eines Ministers, alles andere als ein Heimchen am Herd. Sie ärgerte sich über die Schwierigkeiten, die der Kanzler und andere Minister ihrem Mann machten. Bei Teestunden bekam ich meine "Infos".
Ein Abgeordneter des Haushaltsausschusses hatte etwas von einem Jungen, der sich diebisch freut, wenn er Steine ins Wasser wirft und andere naß spritzt. Ich war sein Stein. Wir ärgerten Minister, die leichtfertig mit Steuergeldern umgingen.
Franz Josef Strauß in seinen Bonner Ministerjahren war eine sprudelnde Informationsquelle - vorausgesetzt, er mochte einen. Sein Büroleiter hatte Anweisung, mich zu bedienen. Wochenends öffnete er für mich den Panzerschrank. Damals ging es um den Marineflieger Kapitänleutnant Ludwig, der als DDR-Spion aufflog.
Genosse Zufall spielt auch eine Rolle. Meldete sich ein Unbekannter und behauptet: "Der Kanzler macht Urlaub in einem mit Abhörgeräten verwanzten Haus. Der Infomant war bei der Abwehr. Der Kanzler, damals Adenauer, mußte nach meinem Artikel das Quartier wechseln.
Manchmal plaudert der jetzige Kanzler beim geselligen Beisammensein einfach drauf los. Man schreibt mit, und es wird gedruckt. Riesenkrach, Dementi des Regierungssprechers und ein Anruf aus dem Kanzleramt: "Sie müssen verstehen, daß wir gegengesteuert haben." So läuft das in Bonn.

Der tägliche Kampf ums beste Foto

35 Bonner Pressefotografen liegen Tag für Tag im Konkurrenz-kampf um das beste politische Foto. Jedoch einer ist ohnehin längst "King": Jupp H. Darchinger, ein robuster Siebziger, bisher über 50.000 Filme verschossen, allein im 'Spiegel' über 10.000 Veröf-fentlichungen.

Unlängst stellte er in Bildbandform 80 Porträts aus der Geschichte der Republik vor: "Die Köpfe". Fotos von Axel Springer über Hel-mut Kohl bis Boris und Steffi (Text Carl-Christian Kaiser, Bouvier-Verlag). Unter den Premieregästen Biedenkopf, Lafontaine, Joschka Fischer. Festredner Ex-WDR-Intendant Nowottny: "Bei aller Nüchternheit, mit der Jupp Darchinger zu Werke geht, er ist auch ein Visionär."

Beispiel: Vor über 25 Jahren, auf dem Düsseldorfer CDU-Parteitag, fotografierte er vier Politiker vor einem überlebensgroßem Porträt Konrad Adenauers: Kohl, Barzel, Stoltenberg, Gerhard Schröder. "Ich wußte, einer wird mal Kanzler." Das Kohl-Foto ist im Bild-band zu sehen - ein unverbrauchter "Helmut" in lässiger Haltung, aber Willenskraft, Zähigkeit und Selbstzufriedenheit unverkennbar.

Mit Kohl als Kanzler hat "Jupp" Probleme. Darchinger verlangt von den zu fotografierenden Personen einen "Unterwerfungsakt". Er besteht zum Beispiel bei Interviews darauf, während der ganzen Gesprächszeit zu fotografieren. Kohl dagegen möchte, daß vor dem Gespräch Fotos gemacht werden, und dann der Fotograf ver-schwindet.

Wenn Darchinger-Fotos von den Redaktionen benutzt werden, den Kanzler madig zu machen, "gehen die hinterher in Deckung, und ich muß einen Stahlhelm aufsetzen, wenn ich Kohl begegne" (Dar-chinger). Er büßt auch stellvertretend für das gesunkene Image der Bildpresse insgesamt, die bei politischen Ereignissen in lieder-lichem Aufzug, fluchend, schubsend, mit der Wucht einer Stein-lawine hereinbricht (Kohl: "Schluß jetzt! Raus!").

Da nutzt es Darchinger nichts, daß er sich an eine Weisheit seiner Großmutter hält: "Wie Du kommst gegangen, so wirst Du auch empfangen."

47

Der Fotograf, den Kohl und Scharping lieben

Was haben Kohl, Scharping und Joschka Fischer gemein? Die Vorliebe für ein und denselben Fotografen: für Konrad R.Müller, Jahrgang 1940, aus Rauschendorf bei Bonn.

Ein Wahlkampfplakat vom Grünen-Guru Fischer - es zeigt den Mann das Jackett lässig über die rechte Schulter gehängt daherkommend - stammt aus Müllers Rolleiflex. Kohls schelmisches Lächeln aus pralinebraunen Augen über dem witzigen Slogan "Politik ohne Bart" - ein Werk Müllers.

Müller, Spezialist für Schwarz-Weiß-Fotos, Herausgeber bekannter Bildbände (Adenauer, Brandt, Mitterrand), hatte auch auf Bitten Scharpings zur Kamera gegriffen, war an dessen Urlaubsort in Frankreich gereist, hatte die dicken Brillengläser für die Fotosession durch Fensterglas ersetzen lassen und den Kanzlerkandidat bei Sonnenuntergang - mit geschlossenem Mund - am Atlantik abgelichtet. "Der Mann hat nämlich besonders schöne Augen und einen sehr sinnlichen Mund, der aber nur zur Geltung kommt, wenn er nicht Zähne zeigt."

Gegen das Foto erhob jedoch die damals noch für den SPD-Wahlkampf verantwortliche Düsseldorfer Werbeagentur Werner Butter (inzwischen BBDO) Einspruch. Darum war Scharping jetzt allerorts mit einem von der Agentur produzierten Foto zu sehen: Zähne zu einem Colgate-Smile vorgestreckt, Bart und Brille beherrschende Fixpunkte. Das Müller-Plakat hängte Scharping als Souvenir in seinem Büro auf.

Ein Opfer der Besserwisser unter den Politikervermarktern wurde auch ein Foto, das Müller im Frühsommer 1994 von Kohl für ein zweites Plakat machte. Wiewohl der Kanzler befand "Der Typ hat mich so fotografiert, wie ich bin", war sich die für Kohl arbeitende Solinger Werbeagentur von Mannstein unsicher, ließ es durch die Meinungsforscherin Noelle-Neumann testen. Ergebnis: Man entschied sich für den dann zu sehenden Kohl-Kopf in der Menge - ein Foto, das ein Fotograf der Mannstein-Agentur schoß.

Wie schützt sich Bonn vor verrückten Attentätern?

Die von einem Verrückten auf das Weiße Haus in Washington abgegebenen Schüsse werfen die Frage auf: Wie sicher sind die Bonner Politiker vor solchen Anschlägen?
Helmut Kohls Arbeitszimmer im Kanzleramt liegt zur Parkseite, es kann von keiner Straßenseite beschossen werden. Der Bungalow auf dem Gelände, in dem er unter der Woche wohnt, ist zwar von der Rheinseite und dem gegenüberliegenden Ufer einsehbar, aber durch riesige, schußfeste Blenden gesichert. Zudem patrouillieren Tag und Nacht im Park Grenzschützer mit Wachhunden, deren Konzentration nur nachläßt, wenn sie mit Herrchen Überstunden machen müssen. Gelegentlich fallen zwar Schüsse, aber es ist der Gärtner, der mit der Schrotflinte Karnickel jagt, die beim Kanzler wildern.
Der Bundespräsident - die meiste Zeit eh in Berlin - hat sein Arbeitszimmer auf der Rückseite der Villa Hammerschmidt und dort, wo kein Attentäter es vermutet. Das Büro von SPD-Fraktionschef Scharping liegt an einem kleinen Innenhof des Ollenhauer-Hauses. Rühe hat sein Büro auf einem Kasernengelände, Kanther, Waigel, Rexrodt und Blüm auf dem großen Areal ehemaliger Kasernen.
Justizminister Schmidt-Jortzig und Forschungsminister Rüttgers sitzen im obersten Stock mit Panzerglas gesicherter Hochhäuser, deren Zufahrt von der Polizei bewacht wird. Eine ganze Einsatzhundertschaft ist für den Schutz der Ministerien und der Privathäuser der Minister zuständig. Die Bonner Polizei setzt außerdem für Patrouillenfahrten zwischen den Objekten zweiundzwanzig 264 PS starke Spezialfahrzeuge (Stückpreis über 300 000 Mark) ein.
Gefährdet sind die Politiker eigentlich erst, wenn sie ihre Büros verlassen. Die Attentate auf Schäuble und Lafontaine passierten, als sie unterwegs waren und nicht in ihren Panzerlimousinen saßen. Weshalb Hannelore Kohl nach dem letzten Bundestagswahlkampf heilfroh war, "daß alle gesund zurückkamen."

Willy Brandt: Bonn findet keine Straße für ihn

'Wenn der Leib in Staub zerfallen, lebt der große Name noch', lautet ein geflügelter Satz des Dichters der Deutschen, Friedrich Schiller. Aber Pustekuchen. Seit Jahren tun sich die Bonner schwer, im Andenken an den ehemaligen SPD-Kanzler Willy Brandt eine Straße nach ihm zu benennen. Mal taugt die Straße nichts, mal sind die Anwohner dagegen.

Unlängst glaubten die Stadtväter mit der eventuellen Umbenennung der Walter-Flex-Straße, die in Verlängerung über die Theodor-Heuß-Straße zum Bundeshaus führt, fündig geworden zu sein. Daran stieß sich jedoch ein Anwohner, der für seine liberale Haltung ortsbekannte Architekt Dirk Denninger. Schlitzohrig fragte er brieflich an:

"Ist es nicht äußerst mager, Willy Brandt ein Stückchen Straße von jammervollen zirka 250 Meter Länge zu widmen, wo Konrad Adenauer eine Allee mit etwa 2.500 Meter zugeteilt wurde? Persönlich wäre ich bereit, die Umbenennung der August-Bebel-Allee, Peter-Hensen-Straße, Nahum-Goldmann-Allee, Olof Palme-Straße, Baunscheidtstraße, Josef Beuys-Straße zu diskutieren."

Oberbürgermeisterin Bärbel Dieckmann (SPD) bestätigte die Schwierigkeit, "eine der Person Willy Brandts angemessene Verkehrsfläche zu finden", versprach "schnellstmögliche Lösung". Nichts tat sich.

Diesbezügliche Schwierigkeiten haben in Bonn Tradition. Für die Benennung nach dem schwedischen Sozialdemokraten Olof Palme, dem jüdischen Politiker Nahum Goldmann und dem deutschen Künstler Joseph Beuys wählte man schließlich Straßen ohne Anlieger - für Brandt wäre das gewissermaßen "Willy im Niemandsland".

Als Notlösung böte sich auch an, wie man in Bonn bei der Suche nach einer Franz-Josef-Strauß-Straße verfuhr: ein Stück der Ludwig-Erhard-Straße wurde hierfür einfach abgezwackt. So könnte das Oststück der über den Rhein führende Friedrich-Ebert-Brücke in Brandt-Bridge benannt werden. Warum auch nicht? Geliebtes Kind trägt viele Namen.

Frauen in Bonn

Das Feminine in den Amtsstuben

Wie ernst nehmen es die Bonner Politiker in ihren eigenen Dienst-
stellen mit der vielgeforderten Beschäftigung von Frauen?
Beim Kanzler sind von rund 520 Bediensteten 42,2 Prozent weiblichen Geschlechts. Da muß man allerdings Botinnen und Pförtne-
rinnen dazurechnen. Dagegen keine Frau beschäftigt bei den zwei
Staatsministern im Amt, keine einzige Abteilungsleiterin, nur eine
Gruppenleiterin (von insgesamt 17) und vier Referatsleiterinnen
(von 46).
Bei Rita Süssmuth ("Es gibt keinen Grund, von der Frauenquote
abzurücken. Ich werde weiter kämpfen") sind 44,8 Prozent des
Bundeshauspersonals weiblich - mit etwas besseren Beförderungs-
chancen. Drei Unterabteilungsleiterinnen, sieben Referatsleiterin-
nen. Bibliothek, Sprachendienst, Kommunikation werden von
Frauen geleitet.
Außenminister Kinkel hat mit der attraktiven Vortragenden Lega-
tionsrätin 1.Klasse Helga Schmid erstmals eine Referentin im
Leitungsstab. Andererseits: unter den 150 deutschen Botschaften
im Ausland steht nur in sechs Fällen, vorwiegend in Afrika, eine
Frau vor; von 68 Generalkonsulaten haben nur sieben eine Chefin -
darunter Chicago, Sidney, Istanbul, Danzig.
Bundespräsidenten Herzog ist ein Frauenförderer: Er und und die
First Lady haben Persönliche Referentinnen, von sechs Fach-
referaten werden zwei von Damen geleitet. Den höchsten
Frauenanteil mit 54 Prozent hat, was wunder, Claudia Noltes
Frauenministerium. Im Bauministerium sind es zwar nur 41,2
Prozent, dafür war der bisherige Minister Töpfer Hahn im Korb:
Kabinettsreferentin, Terminreferentin, Grundsatzreferentin und
zwei Pressesprecherinnen waren ihm zu Diensten.
Karrieretip für Frauen in Bonn: hübsch sein wie ein junges Mäd-
chen, denken wie ein Mann, arbeiten wie ein Pferd.

Reporterinnen erobern Bonn

Die politische Berichterstattung aus Bonn für die angesehene amerikanische Tageszeitung "The Wall Street Journal" besorgt die 29jährige Cäcilie Rohwedder, gleichermaßen hübsch wie gescheit, vier Jahre Politikstudium in den USA, absolut zweisprachig, zuvor für ihr Blatt in Brüssel und Düsseldorf, überdies die Tochter des ehemaligen Treuhandchefs.

Die Amerikaner liegen mit der Entsendung einer Frau absolut im Trend. Als Außenminister Kinkel Ende Januar für wenige Stunden ins belagerte Sarajevo einflog, begleitete ihn - mit Schußweste und Stahlhelm - die Bonner Hörfunkkorrespondentin Babette Clement, 22 Jahre jung, für die Rundfunknachrichtenagentur RUFA tätig. Über Satelittentelefon berichtete sie gekonnt aus dem Präsidentenpalast: " ... Babette Clement aus Sarajevo!"

Beim RTL-Fernsehstudio Bonn war zeitweise fast die Hälfte der Reporter-Crew weiblich - mit Doris Müller als der bekanntesten. Hinzukamen die Kamera-Assistentinnen Bärbel und Dagmar - letztere mit Springerstiefeln und Rucksack.

Etwa 150(!) Journalistinnen - deutsche und Ausländerinnen - berichten mittlerweile aus Bonn. Einzelne, wie Almut Hauenschild, schreiben für bis zu 9 Zeitungen. Mehrere Korrespondentenbüros, darunter die von BUNTE und RUFA, werden von Frauen geleitet.

Ada Brandes, viele Jahre für die Frankfurter Rundschau tätig: "Daß Frauen weniger belastbar seien, war immer eine Mär. Ich hab' nur Männer erlebt, die mit Schreibmaschinen schmissen."

Im Gegenteil: weiblicher Charme ist eine feine Waffe. Wenn die Fotografin Laurence Chaperon mit französischem Akzent Volker Rühe ablichtet und bittet "Härrr Ministärr, bitte noch einmal...", wird er sweet wie eine Mozartkugel.

Frisch vom Studium ins Kanzleramt

Glück ist manchmal eine Sache des Zufalls. Saß da vor Monaten der Kanzler im Bonner Restaurant "Sassella" und ließ es sich gutschmecken. Plötzlich trat eine Dame an seinen Tisch. "Entschuldigen Sie bitte, Herr Bundeskanzler. Würden Sie mir bitte ein Autogramm geben? Heute ist der schönste Tag meines Lebens. Meine Tochter hat ihr zweites juristisches Staatsexamen bestanden - wir feiern da hinten am anderen Tisch - und gleichzeitig treffe ich Sie."
Kohl: "Ja, da bringen Sie doch mal Ihre Tochter her."
Wenig später stand vor dem Kanzler eine attraktive, schwarzhaarige junge Dame. Kohl: "Ich gratuliere. Wo haben Sie denn studiert?"
"Zunächst in Bochum, dann in Bonn. Meine Referendarzeit habe ich im Oberlandesgerichtsbezirk Düsseldorf gemacht." Andere Gäste reckten die Hälse, die Bedienung verharrte in respektvollem Abstand.
"Und was machen Sie jetzt?"
"Ich habe ein paar Bewerbungen laufen. Dürfte ich mich vielleicht auch beim Bundeskanzleramt bewerben?"
"Ja, machen Sie das nur."
Es klingt wie ein modernes Märchen: seit April sitzt diese junge Juristin nicht nur als Regierungsrätin zur Anstellung (Besoldungsgruppe A13) in der Regierungszentrale. Mehr noch, sie wurde auf einen Schlag stellvertretende Leiterin des Kanzlerbüros!
Katrin Träger, so heißt der Glückspilz, Westfälin, um die Dreißig, CDU-Mitglied, hatte zunächst Vorstellungsgespräche zu bestehen: in der Personalabteilung, bei ihrem künftigen direkten Vorgesetzten, Büroleiter und Ministerialdirektor Dr. Neuer; bei Kanzleramtschef Bohl und auch bei Kohl. Danach waren sich die Herren einig: die paßt ins Team.
Zu ihren Aufgaben gehört, an den Kanzler gerichtete Amtsvorlagen auf Vollständigkeit zu überprüfen, für ihn Briefentwürfe zu verfassen, den Kanzler in Parlamentssitzungen und in die Fraktion zu begleiten sowie Veranstaltungen (Kunstausstellungen, Sommerfest, Karneval) zu organisieren.

Die starke Frau hinter Theo Waigel

Als Theo Waigel zu einer ganzen Serie von Finanzkonferenzen (G7, IWF, Weltbank) in Hongkong einschwebte, befand sich in seiner Delegation eine Dame mittleren Alters, die als Mitarbeiterin für ihn absolut unentbehrlich ist: Ida Maria ("Aschi") Aschenbrenner.

Eine resolute Bayerin, Anfang fünfzig, römisch-katholisch, glühende CSU-Anhängerin, Chefin des Leitungsstabes im Finanzministerium. Zuständig für Ministerbüro, Kabinetts-, Presse- und Sonderaufgabenreferate. Fleißig bis zum Umfallen, pflichtbewußt wie eine Preußin. Oberstes Gebot: jegliches Unheil ist vom Chef abzuwenden! Was Kohls "Juliane", ist Waigels "Aschi".

Bei Pressekonferenzen setzt sie sich unter die Journalisten, um besser mitzukriegen, wie Waigel ankommt. Sie zürnt selbst noch vom Krankenbett Zeitungsleuten, die über ihren Boß schlecht schreiben: "Schreiben S' mal woas Gscheit's!" Allerdings Waigels Ansehensverlust konnte sie letztlich nicht verhindern.

Steile Karriere: Tochter eines Landwirts aus dem Bayerischen Wald, "nur" Realschule, vor 36 Jahren als Schreibkraft im Finanzministerium angefangen. Heute kommt keiner an ihr vorbei, der zum Minister will. Zwischenstation: Erst Mitarbeiterin, dann Pressesprecherin der CSU-Landesgruppe im Bundestag. Sie konnte nicht mit Franz Josef Strauß, setzte frühzeitig auf Waigel.

Als sie nach einer Operation im Bonner Johanniter-Krankenhaus lag, hörte sie weitausholende Schritte auf dem Flur, die Tür sprang auf, und der Kanzler stand unangemeldet im Zimmer. "Na Landesjägermeisterin, wie geht's?" "Aschi" besitzt den Jagdschein.

Was treibt so eine Frau in einem 14stündigen Arbeitstag mit Neidern im Amt und fast null Privatleben (unverheiratet) an?

"Vom Vater habe ich gelernt: wenn man eine Aufgabe erhält, macht man sie ordentlich. Und es ist ja auch ein toller Job! Mir wurde zum Beispiel nicht in der Wiege prophezeit, daß ich diese Woche in Hongkong sein darf."

Claudia Nolte - das Kabinettsküken

Der Anruf erreichte mich überraschend auf der Autobahn über Handy: Ob ich Zeit und Lust hätte mit Familienministerin Claudia Nolte diesen Montag Mittag zu essen?

"Restaurant Altes Treppchen" in Bonn. Dunkle Deckenbalken, rustikales Gestühl. Frau Ministerin trägt Kostüm in Babyrosa, weißes T-Shirt, einreihige Perlenkette, zwei schmale Goldringe an der Linken. Sie bestellt Spargel, Orangensaft und nascht zum Nachtisch unbekümmert vier Pralinen. Gewichtsprobleme jedenfalls hat sie nicht.

Und wiewohl gerademal erst Anfang Dreißig - an das Ministeramt hat sie sich auch schon gewöhnt. "Ich fühle mich ganz wohl dabei." Sie ist überrascht, "wie schnell das Spaß macht." Rund 500 Mitarbeiter, Jahresetat 11,7 Milliarden Mark (1998), Luftwaffenmaschine zum Pendeln zwischen Bonn und Zuhause im thüringschen Ilmenau. "Ich hab's anfangs mit Linie versucht, bis ich einmal zweieinhalb Stunden zu spät in Bonn ankam." Inzwischen benutzt sie häufiger auch den Dienstwagen. Andererseits lebt sie in Bonn bescheiden in einem Zimmer zur Untermiete. Auf dem Laptop korrigiert sie ministerieller Vorlagen.

Im Bundestag stand gerade die Entscheidung an, Vergewaltigung in der Ehe unter Strafe zu stellen. Sie war von Anfang an dafür, ihre Fraktion dagegen. Inzwischen hat sich die Mehrheit Frau Nolte angeschlossen. Beim Familienlastenausgleich hat sie sieben Milliarden Mark mehr herausgeholt, bei der Bewertung der Rente höhere Bewertungszeiten für Kindererziehung. Andererseits, im Widerstand gegen die Liberalisierung des Abtreibungsparagraphen blieb sie (katholisch, verheiratet, ein Söhnchen) unterlegen.

Dafür kann schon mal eine Überschrift wie in der WELT "Kanther unterliegt Nolte" aufheitern (Es ging im Kabinett um die Zuständigkeit bei der Bekämpfung der Jugendkriminalität). Sofort rief sie den Innenminister an: "Ich kann Sie trotzdem gut leiden." Sie ist halt noch unbekümmert und politisch nicht verdorben.

Angela Merkel - Kohls Musterschülerin

New York, Hotel "UN-Plaza", 2.Stock: Beginn der internationalen Pressekonferenz des Bundeskanzlers und der Chefs von Brasilien, Südafrika sowie Singapur zu ihrer neue Umweltinitiative. Kohl wirkt ungehalten, weil er nicht anfangen kann. Die Dolmetscher sind anscheinend noch nicht bereit. Seine Nervosität überträgt sich auf die neben ihm sitzende Bonner Umweltministerin Angela Merkel. Diese trägt ein zu ihrer Augenfarbe passendes hellblaues Kostüm mit zarten dunkelblauen Karostreifen, dazu eine zweireihige Perlenkette, die Frau Ministerin brav macht. Sie atmet tief durch. Stress hat sie selbst genug:
6:45 Uhr, noch vom Hotelzimmer aus, das erste Telefoninterview (WDR) gegeben. 7:30 Uhr Arbeitsfrühstück mit fünf für Umweltfragen zuständigen Bundestagsabgeordneten. 8:45 Delegationsbesprechung. Angela Merkel - nicht der Kanzler! - leitet die deutsche Expertendelegation zum "Earth Summit + 5", der UN-Sonder-Generalversammlung zu Umweltproblemen, fünf Jahre nach einem ersten Umweltgipfel in Rio. Etwa 35 mitangereiste Beamte aus den Bonner Ministerien für Umwelt, Finanzen, Wirtschaft, Landwirtschaft und Entwicklungshilfe unterstehen ihr.
9:30 Teilnahme an der ganztägigen UN-Sondersitzung. In einer Reihe mit dem Kanzler. Zwischendurch Interview mit den 'Tagesthemen', Gespräche in der Lobby mit anderen Umweltministern. 16:30 Uhr Vorbesprechung der Pressekonferenz mit dem Kanzler. Nach der PK Interview mit RTL, dann Einladung des indischen Umweltministers. Ganz schön happig so ein Tag. Und als Frau will sie auch noch gepflegt wirken!

Bonner Promi-Ehen
Viele lieben noch immer die erste Frau

Die Ehen der Politiker! Nach den Seitensprüngen, die ans Tageslicht kamen, könnte man meinen, nicht nur bei den "Sexualdemokraten" in Hannover ginge es sündhaft zu, auch Bonn sei ein Scheidungseldorado. Ist es aber nicht. Noch überwiegen die Ehen, die halten.

Von 18 Bonner Kabinettsmitgliedern sind lediglich vier geschieden - Bohl, Waigel, Rexrodt, Merkel. 14 sind nach wie vor mit der ersten Frau verheiratet, mehrere haben schon die Silberhochzeit hinter sich: Rühe, Blüm, Töpfer, Schmidt-Jortzig, Kanther, Spranger. Ältester "Eheknochen" ist der Kanzler: am 27. Juni wurden es 36 Jahre!

Übrigens: Alle Kabinettsmitglieder zusammen haben 42 Kinder - angeführt von besonders zeugungsfreudigen Vätern, wie Kanther (6), Kinkel (4), Bohl (4), Schmidt-Jortzig (4).

Auch außerhalb des Kabinetts gibt es Politikerehen von Bestand, offenbar weil nicht gleich jeder Zwischenfall als Unglücksfall behandelt wurde: Bundestagsvizepräsident "Johnny" Klein (drei Kinder) und seine Frau Ira brachten es auf 38 Jahre, NRW-Wirtschaftsminister Clement (SPD), fünf Töchter, ist 31 Jahre verheiratet...

Was hält die einen Ehen zusammen, während die anderen zerbrechen? Landwirtschaftsminister Borchert, 3 Kinder, Silberhochzeit hinter sich, ein Mann, für den es "das größte Unglück wäre, allein zu sein, ohne Familie", nennt ein einfaches Rezept: "Wir lieben uns, darum haben wir ja auch geheiratet." Seine Frau Ingrid (als Ratsmitglied in Bochum engagiert): "Weil es in all den Jahren nie ein ernsthaftes Problem mit ihm gegeben hat, über das wir nicht gemeinsam reden konnten."

In guten Ehen finden sich Himmel und Erde zusammen.

Politiker sind auch nur Menschen

Wenn es ums Militär geht
Die flauen Ausreden der Politiker

Eine weitverbreitete Unart deutscher Politiker ist es, den Massen nach dem Munde zu reden. Typisches Beispiel: Die Antworten der politischen Prominenz auf die im FAZ-Magazin gestellte Standardfrage:
Welche militärischen Leistungen bewundern sie am meisten?
Da wird herumgeeiert, um ja nicht in den Verdacht zu geraten, ein militätrischer "Chauvi" zu sein. Verteidigungsminister Rühe: "Die Tapferkeit des einzelnen Soldaten." Auch die der deutschen Fallschirmjäger 1944 am Monte Cassino? Vom Generalinspekteur der Bundeswehr, der einmal Naumann hieß, erwartet man, daß wenigstens er eine Schlacht nennt, statt dessen: "Die Verteidigungsbereitschaft der Bundeswehr und ihrer NATO-Verbündeten in den vergangenen 35 Jahren ..."
Helmut Kohl auf die Frage nach den am meisten bewunderten militärischen Leistungen: "Die ohne Krieg Freiheit sichern." Insgeheim bewundert er den deutschen Jagdflieger des II. Weltkrieges, Marseille (158 Abschüsse, Ritterkreuz mit Eichenlaub, Schwertern und Brillanten). Sein Hausmeier Bohl: "Diejenigen, die Kriege verhindern." Waigel: "Jene, die Kriege und Opfer verhindern." Kinkel: "Die notwendig sind, um Frieden zu schaffen." Klose (SPD): "Die Strategie des Themistokles" (Feldherr Athens 480 vor Christus). Ex-Bundeswehrfallschirmspringer Möllemann hat die flaueste Ausrede: "Davon verstehe ich nicht genug."
Gelobt sei dagegen die ehrliche Antwort der englischen Schriftstellerin Pilcher ("Muschelsucher"): "Waterloo, Jütland und die Wüstenkämpfe zwischen Rommel und Montgomery." Why not?

AIDS-Angst
Wie werden Schäuble und andere mit ihr fertig ?

Wolfgang Schäuble, weinroter Pullover, offener Hemdkragen, kam mir über den Flur des Bundeshauses im Rollstuhl entgegen. "Eine Frage Dr. Schäuble." "Ja bitte." Er gab mir die Hand, sie lag sehr lange in meiner. "Haben Sie nach Ihren schweren Operationen einen Aidstest machen lassen, um sicher zu gehen, daß sie keine Transfusion mit aidsverseuchtem Blut erwischten?" Er lachte. Ich nehme an, das wurde bei mir automatisch gemacht. Ich bin jedenfalls nicht besorgt."

Jeder Tag mit neuen Horrormeldungen über die tödlichen Blutkonserven und -präparate beweist, wie richtig Gesundheitsminister Seehofer mit seinem Aufruf liegt: "Wer wirklich sichergehen will, daß er sich bei einer Operation nicht durch HIV-infizierte Blut- und Blutplasmapräparate angesteckt hat, der sollte sich einem freiwilligen Aidstest unterziehen." Aber wie ernst nehmen außer Schäuble andere, operierte Politiker den Aufruf?

Anruf bei Schäubles Vorgänger, dem Ehrenvorsitzenden der CDU/CSU-Fraktion Dregger. Er antwortet wie aus der Pistole geschossen: "Ich hatte in letzter Zeit drei schwere Operationen von jeweils drei Stunden. Mit Eigenblut war das nicht mehr zu meistern. Habe sofort einen Aidstest machen lassen. Alles in Ordnung."

Schäubles Stellvertreter Geißler, der beim Drachenfliegen schwer verunglückte: "Der Aidstest wurde bei mir automatisch gemacht. Obwohl: Das Risiko nach einer Narkose zu sterben ist größer als durch HIV-verseuchtes Blut."

Nur Rau und Lafontaine, die ebenfalls schwere Operationen mit Bluttransfusionen hinter sich haben, zwei Landesväter mit besonderer Vorbildfunktion, drücken sich unverständlicherweise um eine Antwort.

Haben Politiker weniger Humor als früher ?

Zwei Mitarbeiter wollen den Kanzler sprechen, stecken ihre Köpfe durch die spaltbreit geöffnete Tür seines Arbeitszimmers. Sagt der eine: "Wir kommen besser später wieder. Der Bundeskanzler duldet keine Störung, wenn er im Internet surft." Kohl steht in schwarzrotgoldener Badehose, Surfbrett unter dem Arm, vor einem Computer, Kopf im Monitor - ein Bild aus dem Karikaturenband "Hotline" (Verlagsgruppe Bruckmann).

Auf Seite 39 Möllemann: Trägt an einem vor die Brust geschnallten Gestänge eine auf ihn gerichtete Fernsehkamera nebst Mikrofon. Sagt im Hintergrund der FDP-Vorsitzende Gerhardt zu Westerwelle: "Seitdem er es ständig trägt, ist er viel ausgeglichener."

Karikaturen sind mehr denn je "in", passen in unsere Info-Häppchengesellschaft. Prof. Keim, Leiter der Pressedokumentationen im Bundestag mit 200 000 gesammelten politischen Karikaturen: "Allein in den letzten fünf Jahren nahmen die Abdrucke um 32 Prozent zu."

Aber: Gleichzeitig verloren sie an Biß! Ätzende Karikaturen sind die Ausnahme. Kohl, der 1996 mit 1055 Abdrucken die "Siegerliste" anführt (insgesamt von ihm 18 401 im Archiv!) - gefolgt von Waigel (676) -, wird relativ schonend behandelt. Keim: "Es fehlt an Nachwuchs für spöttisch-tadelnde Gesellschaftskritik." Die wird inzwischen vom WDR-Fernsehen besorgt. unter anderem in Serien mit Puppen als Politdarsteller, wie früher "Hurra Deutschland!", später "Pivatfernsehen". Kohl: "Daran, daß ich vom WDR und seinen Mitarbeitern persönlich verunglimpft und ins Lächerliche gezogen werde, habe ich mich seit langem gewöhnt." Klingt nach verstimmter Majestät.

Früher klatschten sich die Politiker auf die Schenkel, wenn sie im Düsseldorfer "Kommödchen" oder in der Münchner "Lach- und Schießgesellschaft" auf die Schippe genommen wurden.

Warum tummeln sich so viele Lehrer in der Politik ?

Als die Grünen auf dem Suhler Parteitag die 34jährige Gunda Röstel zu ihrer neuen Sprecherin (Vorsitzenden) wählten, stöhnten nicht wenige: "Mein Gott, schon wieder eine Lehrerin!" Immerhin, die Dame "ohne Duftmarke" (DIE WOCHE) liegt voll im Trend: fort von der Penne, ran an die Futtertröge der Politik.
'Der Bundestag ist mal voll, ist mal leer. Aber er war noch nie so voller Lehrer,' lautet ein Bonner Witz. Allein unter den Abgeordneten aus den alten Bundesländern befinden sich 23 ehemalige Gymnasial- und 35 Grund- beziehungsweise Hauptschullehrer. Zusammen mit denen aus den neuen Bundesländern steigt die Zahl auf genau 70! Oder 10,4 Prozent. Die meisten bei der SPD und den Grünen. Aber auch bei CDU/CSU ist mancher, zum Beispiel der verteidigungspolitische Sprecher Breuer, oder bei der FDP Möllemann, Pauker von Beruf.
Sogar in Kohls Ministerriege sind zwei von der Sorte: Verteidigungsminister Rühe und Staatsminister Schmidbauer - vom Klassenschreck zum Agentenjäger!
Die Durchsetzung von Parlament und Regierung mit Lehrern bleibt nicht auf Bonn beschränkt. "Katheterhengste" waren der Chef der bayerischen Staatskanzlei, Faltlhauser, und sein Kollege, Kultusminister Zehetmair; der saarländische Innenminister Läpple wie der von Mecklenburg-Vorpommern, Rudi Geil; der Bremer Hafensenator Beckmeyer und der niedersächsische Kultusminister Wernstedt...
Es gibt/gab Länderparlamente, in denen die Schulmeister rund ein Viertel der Fraktion stellen. Schon bei der Kandidatenaufstellung vor Wahlen haben sie es - etwa gegenüber Arbeitern - leichter, weil sie sich besser ausdrücken können. Vor allem: der Ausflug in die Politik ist risikolos: die meisten genießen ein Rückkehrrecht mit altem Lehrergehalt und gleichwertiger Beschäftigung.

Das Kruzifix
Wie halten es die Bonner Politiker damit?

Erst der Kruzifixstreit in bayerischen Klassenzimmern, dann stört den SPD-Bundestagsabgeordnete Fritz Körper (40) das Christuskreuz in einer Bonner Amtsstube. Schriftlich begehrte er von der Bundesregierung Auskunft, ob sie "Darstellungen weltanschaulicher Symbole in Diensträumen dulde?"
Hintergrund: Der Ministerialdirektor Manfred Speck, Abteilungsleiter im Innenministerium und enger Mitarbeiter Kanthers, hatte aus Protest gegen das Anti-Kruzifixurteil des Verfassungsgerichts ("Ich bin erschüttert") in seinem Dienstzimmer ein Kreuz aufgehängt und dies in Leserbriefen die Öffentlichkeit wissen lassen ("Ich habe die Kraft des Kreuzes in schweren Stunden erfahren").
Der Kölner Erzbischof Kardinal Meisner sandte ihm daraufhin "für Ihr Zeugnis ein aufrichtiges Vergelt's Gott". Den SPD-Abgeordneten dagegen störte nicht nur das Kreuz, sondern auch, daß Manfred Speck seine Leserbriefe mit Namen und Dienststellung unterschrieb. Vorgestern bekam der Parlamentarier von der Bundesregierung die Antwort:
"Ein Beamter genießt wie andere Staatsbürger das Grundrecht der Meinungsfreiheit... Ebenso ist es dem Beamten grundsätzlich gestattet, seine Amtsbezeichnung auch außerhalb des Dienstes zu führen... Darüber hinaus hat die Bundesregierung nichts gegen die Darstellung weltanschaulicher Symbole in Dienstzimmern einzuwenden, die die Rechte Dritter nicht verletzen."
Mithin dürfen auch Minister, wie Waigel, das Symbol der Christenheit in ihren Dienstzimmern hängen lassen. Und der Kanzler braucht nicht das kleine Bronzekreuz auf seinem Schreibtisch zu verstecken.
Bleibt die Frage, was den SPD-Mann Körper, zumal er von Beruf Theologe ist, bei seiner Attacke ritt? Vielleicht der Teufel?

Was darf ein Minister, ohne Kohl zu fragen ?

Darf Verteidigungsminister Rühe einfach den Abzug der Bundeswehr aus - zum Beispiel Bosnien - verkünden, ohne vorher den Kanzler gefragt und die Zustimmung des Kabinetts eingeholt zu haben?

Was ein Minister darf beziehungsweise nicht, regelt die "Geschäftsordnung der Bundesregierung". Zum Beispiel: "Der Bundeskanzler ist aus dem Geschäftsbereich der einzelnen Bundesminister über Maßnahmen und Vorhaben zu unterrichten, die für die Bestimmung der Richtlinien der Politik und die Leitung der Geschäfte der Bundesregierung von Bedeutung sind." Das träfe auf Bosnien zu.

In bestimmten Fragen werden Minister kraft besagter Geschäftsordnung an ganz kurzer Leine gehalten: "Jeder Bundesminister macht, bevor er den Sitz der Bundesregierung länger als einen Tag verläßt, dem Bundeskanzler Mitteilung. Bei Abwesenheit von mehr als drei Tagen und bei Auslandsreisen ist das Einvernehmen mit dem Bundeskanzler herzustellen." Kohl hat Blüm schon manche Reise vermasselt.

Gewisse Eigenmächtigkeit kann Kohl überhaupt nicht verknusen. Zum Beispiel wenn eine Vorlage, die erst noch im Kabinett beraten werden muß, vom zuständigen Minister vorher an die Presse gegeben wird. So einmal geschehen durch das Ministerium des damaligen Bildungsministers, Ortleb. Prompt setzte Kohl die Vorlage von der Tagesordnung ab. Nur den Finanzminister muß er mit Samthandschuhen anfassen. Laut Grundgesetz hat Waigel das Recht, der Regierung "überplanmäßige und außerplanmäßige Ausgaben" zu verweigern.

Warum sie so gern naschen

Wenn der Kanzler im Bundestag eine wichtige Rede zu halten hat, verlangt das volle Konzentration. Hinterher ist er ganz schön geschlaucht. Da erweist sich der bisherige Parlamentarische Geschäftsführer der CDU/CSU-Fraktion und neue Bauminister, Eduard Oswald (50), oft als rettender Kräftespender. Er schickt dem Kanzler Süßigkeiten auf die Regierungsbank. Unauffällig, versteht sich.

Oswald, auch Teilnehmer der Koalitionsrunden im Kanzleramt, ist für seinen Vorrat an Leckereien fraktionsübergreifend bekannt. Der 1.Parlamentarische Geschäftsführer der SPD-Fraktion, Struck: "Edi, haste nich was dabei?" Er hat. Ritter Sport-Schokolade, Karamelbonbons, Nußküßchen... Weil der Körper Süßigkeiten schnell in Energie umsetzt, "dopen" sich viele Politiker auf diese Weise. Nach der Ermordung des israelischen Ministerpräsidenten Rabin fand man in seinem Schreibtisch eine Schublade nur gefüllt mit Schokolade.

Konrad Adenauer (CDU), der erste Nachkriegskanzler, wiewohl hochbetagt, gönnte sich während Parlamentsdebatten keine Mittagspause. Das rührte jedesmal die mütterliche Fraktionskollegin Helene Weber, die ihm dann im Bundestagsrestaurant Schokolade kaufte und auf die Regierungsbank brachte. Adenauer langte ungeniert zu.

Er besaß überhaupt die Kunst, sich kaum durch etwas erschüttern zu lassen. Während der hochwichtigen Schlußdebatte über die Einführung der Wehrpflicht beschrieb er seelenruhig einen Stapel bunter Ansichtskarten (sie lagen wie bei einer alten Schulbank auf einer zweiten Ablage unter der Tischplatte): "Mit den besten Grüßen aus Cadenabbia bin ich stets Ihr Adenauer." Als der SPD-Abgeordnete Herbert Wehner einen Zwischenruf in Richtung Adenauer machte, stand dieser auf: "Wenn Sie noch mal sowas sagen, bekommen Sie aus meinem nächsten Urlaub keine Postkarte mehr!"

Unsere Politiker - Sogar im Urlaub sind sie noch News

Kohl im Wildgatter Hirsche fütternd, Scharping in Frankreich Spaghetti kochend, Waigel im Garten seines Bauernhauses mit dem Hund herumtollend, Blüm schwitzend in einer finnischen Sauna - warum ist das alle Jahre wieder berichtenswert?

Nicht nur in Deutschland gibt es dieses auffällige Interesse an urlaubenden Politikern! Die amerikanische Presse zeigt Clinton beim Golfen, die Chinesen bekommen Li Peng in Badehose vorgeführt, Mitterrand wurde mit seinem Labrador "Baltic" am Atlantikstrand fotografiert... Die angesehene amerikanische International Herald Tribune (Helmut Schmidt: "Die beste Zeitung der Welt") nahm sich der Frage an und kam zu mehreren Antworten:

1.) Spitzenpolitiker sind automatisch Stars, wie berühmte Künstler, Spitzensportlern oder Vertreter des Hochadels und sind darum stets eine Meldung wert. (Andersherum: ohne das Amt der Gesundheitsministerin käme Pummelchen Angela Merkel nie und nimmer auf die Prominentenliste der Bayreuther Festspiele);

2.) Der Konkurrenzkampf der Medien zwingt zu einer Berichterstattung über die Politiker rund um die Uhr. Allein Kohl solviert in St.Gilgen bis zu drei Fernseh- und einen Massen-Fototermin pro Urlaub ab;

3.) Leser und Fernsehzuschauer wollen Bilder und Geschichten von Ferien machenden Politikern, weil es ihr Gewissen beruhigt - nach dem Motto: Wenn Außenminister Kinkel an der Nordsee blaumacht, kann ich mir auch eine mehrwöchige Pause leisten;

4.) Oder die Leute denken: Wenn sich der Kanzler und seine Minister an Körper und Geist erholen, werden wir anschließend besser regiert - etwa, wenn Waigel mit seiner Irene einen duften Urlaub verbringt, gibt's vielleicht keine Steuererhöhungen;

Nur, merkwürdigerweise interessiert die Menschen mehr, was die Politiker im Urlaub tun, und nicht, was sie zum Beispiel lesen, oder worüber sie sich Gedanken machen. Etwa über unsere Zukunft! Das Interesse bleibt also oberflächlich. "Vielleicht sollten wir von den Politikern einmal Urlaub nehmen," empfiehlt die Herald Tribune.

Die Haustiere der Bonner Politiker

Tierliebe spricht für guten Charakter. Darum ist aufschlußreich, wer von den Bonnern Politikern ein Haustier hat. Da gibt es die Hundefreunde: Westerwelle (Mischling "Anton"), Kanther (Foxterrier "Taps"), Bochert (Rauhhaardackel "Pitty"), Leutheusser-Schnarrenberger (Scotchterrier "Oskar von Frech"), Helmut Haussmann (Golden Retriever "Betty"), SPD-Bundesgeschäftsführer Müntefering (Münsterländer "Bob"), Friedhelm Ost (Schäferhund "Nestor") und Joschka Fischer, dessen Mischlingshund "Dagobert" mit Ehefrau Claudia sogar zu Univorlesungen zuckelte - jedenfalls solange die Fischers noch verheiratet waren, und bis der Hund im vorgerückten Alter verschied. Dafür riecht es in der Behausung des Fraktionsvorsitzenden Bü90/Die Grünen wieder besser.

Katzenliebhaber, darum zu Haus besonders entspannt: Scharping ("Tiger"), Töpfer ("Cunda" und "Fidelio"), Geißler ("Jule"), Matthäus-Maier ("Grizzly"), Blüm ("Lea" und "Habibi"), Ehmke ("Gato" und "Chichi") ...

Dann gibt es die Politiker mit dem kleinen Privatzoo: CSU-Verkehrsexperte Jobst (Schäferhund, Katze, Meerschweinchen, zwei Pferde und zwei zwei Hasen). Verheugen und seine Frau halten Frösche und Fischen im Garten, die Kater "Toni" und "Moritz" im Haus. Miss Bundestag Dagmar Wöhrl (Schnauzer "Charly", Katze "Maunz") füttert bereits beim Frühstück fremde, herbeigelaufene Katzen. Als stellvertretende Vorsitzende des Tierschutzvereins Nürnberg-Fürth hat sie eine Schwäche für Äffchen "Alina".

Kohl hatte einst unter seinem Ministerpräsidenten-Schreibtisch in Mainz Schäferhund "Igo", der furchterregend knurrte, wenn Kohl auf jemanden zeigte: "Das ist ein Soz". Als Kanzler erfreute er sich an seiner schwarz-weißen "Mieze Kohl", die unlängst eingeschläfert werden mußte. Geblieben ist ihm sein Aquarium im Büro. Süßwasserzierfische besitzt ("Seit meiner Jugend") auch Friedhelm Ost. Riesenhuber hat Goldfische im Garten - und ein Eichhörnchen, das auch schon mal ins Schlafzimmer kam.

Lafontaine
Er redet wie ein Wasserfall

Gestern Pressekonferenz mit Lafontaine. Er stellte ein 20 Punkte-Wirtschaftsprogramm der SPD vor. Ich denke an 'Spiegel'-Augstein, der - auch gestern - über "Oskar" schrieb: "Einzelgänger und Querkopf, ja sogar ein Gaukler. Alleingänge wurden sein Markenzeichen." Der "Gaukler" sitzt jetzt vor uns. Streng-seriös, dunkel gewandet. Leicht gerötetes Gesicht, hellblaue Augen über den Brillenbügel lugend. "Die Sicherung des Standorts Deutschland muß auf der Tagesordnung der Wirtschafts- und Finanzpolitik bleiben... Wir fordern eine Senkung der gesetzlichen Lohn-nebenkosten... Wir brauchen eine Mittelstandsoffensive." Bin ich auf einer CDU-Pressekonferenz?
'Oskar' nimmt die Brille ab. "Mit einem Investitions-Erleichterungs-gesetz werden wir die steuerlichen Rahmenbedingungen für private Investitionen verbessern." Könnte von Rexrodt sein. 'Oskar' setzt die Brille wieder auf. "Wir brauchen mehr Teilzeitarbeitsplätze." Davon redet der Kanzler ständig! "Forschung, Bildung und Wissen-schaft müssen gestärkt werden." Runter mit der Brille. Wie Talk-im-Turm-Böhme.
"Sonntags beschwert sich die Bundesregierung, daß wir zu wenig neue Patente haben, werktags arbeiten ihre Beamten daran, die Patentgebühren zu erhöhen." Da hat er allerdings recht.
Dann ein Journalist: "Was Sie da sagen, hört sich relativ vernünftig an..., (Lafontaine: "Das hebt schon meine Stimmung") ...aber wer soll das bezahlen?" Jetzt läßt er die Katze aus dem Sack: "So lange die Konjunktur nicht zunimmt, sind alle Rechnungen Makulatur." Papierabfall. "Und wenn die Konjunktur nicht anspringt? "Dann müssen alle Staatsausgaben auf den Prüfstand. Auch unsere Sozialausgaben." Draußen treffe ich SPD-Sozialexperte Dreßler. "Na, wie geht's?" "Mir ist es egal," sagt er.

Welcher Politiker kann mit einem Computer umgehen ?

Computermesse in Hannover. Viel Fachchinesisch: Service-provider, FTP-Durchsatz, Klammeraffe*... Forschungsminister Rüttgers hält die Eröffnungsrede. Hat der Mann überhaupt einen Computer auf seinem Schreibtisch?

Hat er natürlich nicht. Minister reden viel. Immerhin, er schickte mir neulich über 'Internet', die vielgerühmte Datenautobahn, einen Gruß: "Man muß och jönne könne. Auf bald!" Sein Absender, für den Laien verwirrend - "0000F80B.MAI*/G=Sylvia/s=Piechowski/ PRMD=BMBF/ADMD=BUND400/C=DE/§MHS" - verriet allerdings, daß er die Nachricht nicht selbst verschickte, sondern Sylvia Piechowski, eine Sekretärin aus dem Amt.

Rüttgers fehlende Computerkenntnisse sind unter Bonner Prominenten die Regel. Waigel hat keine, Kanther ebensowenig wie Spranger oder Bohl. Und der Kanzler? Ein Mann, der Funktelefone "für eine Geißel der Menschheit hält", hat natürlich keinen PC auf seinem Schreibtisch; nicht einmal in seinem unmittelbarem Vorzimmer bei Juliane Weber. Und wenn man ihm sagen würde, daß eine über 'Internet' von der Uni Köln an die Firma Nacamar bei Frankfurt verschickte Nachricht über Düsseldorf, Aachen, New York, Hartford, Cleveland, Chicago, Denver, San Francisco, Bloomington gehen kann - und zwar die ganze Strecke in zirka 600 Millisekunden, hielte er das wahrscheinlich für eine Presseente.

Löbliche Ausnahme Wirtschaftsminister Rexrodt. Er hat einen Computer in seinem Arbeitszimmer, schreibt darauf zwar keine Briefe, aber holt sich Agenturmeldungen auf den Bildschirm.

Einsame Spitze bleibt Regierungssprecher Hausmann. Er hat in seinem Büro drei Computer: PC, Laptop, Palmtop (handflächengroß), schreibt darauf, holt sich Agenturmeldungen und ganze Zeitungsausschnitte auf den Monitor. Seine Sekretärin: "Er ist besser als wir."

----

* Sonderzeichen der Programmiersprache. Zeigt an, daß eine eigentliche Zeile noch nicht beendet ist.

Frühpension
Am Anfang stand die Lex Wehner

Ich habe es von meinem Versicherrungsberater ausrechnen lassen: Um wie ein Bundesminister nach nicht einmal vollen zwei Jahren monatlich 3.364 Mark Pension einstreichen zu können - und das bereits vom 55. Lebensjahr an -, müßte ich, sagen wir, als 55jähriger, einen Einmalbetrag von 470.707 Mark in eine private Pensionsversicherung eingezahlt haben!

Anfangs galt: Wenn Bundesminister vor dem 55. Lebensjahr ausschieden, bekamen sie überhaupt keine Pension, es sei denn, sie wären mindestens vier Jahre im Amt gewesen. Standpunkt des Gesetzgebers: Wer jünger als 55 ist, soll sich eine Arbeit suchen. Außerdem hätte er zu Beginn seines Arbeitslebens selbst Altersvorsorge treffen können.

Das bedeutete damals für Minister wie Franz Josef Strauß (Verteidigung) und "Schorsch" Leber (Verkehr), daß sie leer ausgingen. Empörte sich der SPD-Politiker und heutige Vorsitzende der Friedrich-Ebert-Stiftung Holger Börner: "Was ist denn das für ein Staat, der einem erst zum Minister macht und ihm dann in den Arsch tritt?"

Als wenn man zum Ministeramt gezwungen würde! Dennoch: Der Bundestag traf 1971 eine Neuregelung, wonach der Pensionsanspruch beim Ausscheiden vor dem 55. Lebensjahr nicht erlischt.

Weil jedoch einige Ex-Minister immer noch durch den Rost gefallen wären und nicht die erforderliche Mindestdienstzeit von vier Jahren erbrachten, wurde die "Lex Wehner" geschaffen: Der legendäre SPD-Fraktionsvorsitzende Herbert Wehner hatte nur drei Jahre als Gesamtdeutscher Minister geschafft.

Seitdem bestimmt das Bundesministergesetz: Zwei Jahre reichen für die Pension, wobei "ein Rest von mehr als 273 Tagen als volles Amtsjahr gilt". Starkes Stück!

Kanzlerreisen

Wenn der Kanzler in die Luft geht

Wenn Helmut Kohl in die Luft geht, bedingt das eine gewaltige Organisation. Überseereise werde von einem meist fünfköpfigen Vorauskommando vorbereitet: Programmabfolge, Unterkunft und Transport für bis zu 90 Begleiter, Sicherheit, Pressezentren, Nachrichtenübermittlungen - selbst die Lichtverhältnisse für TV-Teams - müssen vorab geklärt beziehungsweise eingerichtet werden.

Für Empfänge, die er unterwegs gibt, werden Spezialitäten aus deutschen Landen mitgebracht, vor allem auch deutsche Weine.

Gesprächsunterlagen und Kurzbeschreibungen der zu besuchenden Orte und Personen werden vorbereitet, Visa für die Delegation beschafft (nur der Kanzler reist visafrei mit Diplomatenpaß). Zum Troß gehören Gepäckmeister, Fernmeldetechniker, Dolmetscher, Stenografen sowie ein Mann, der Kohls Anzüge aufbügelt.

Und falls das Schicksal zuschlägt, ist besser auch ein Arzt zugegen: Auf Kurzstrecken ist es der ohnehin mitfliegende Militärdoktor der Luftwaffen-Crew, zum Beispiel der Oberfeldarzt Schadt. bei längeren Reisen - sicher ist sicher - fliegt Kohls Hausarzt seit 33 Jahren, Professor Gillmann, Jahrgang 1919, Herz- und Unfallspezialist, mit. Neuerdings ist es auch der Chef des Bonner Johanniterkrankenhauses, Professor Walter Möbius.

Der Kanzler im Weißen Haus
Lady-Offiziere als Ehreneskorte

Helmut Kohl trug Charme und Smoking, schüttelte Hände, verbeugte sich, war von überströmender Liebenswürdigkeit - Staatsbankett im Weißen Haus zu seinen Ehren.

Höfischer Glanz: Marmorsäulen, Kristallüster, Kammermusik, blaugoldenes Präsidentensiegel über weißer Flügeltür. Ordonnanzen mit goldenen Schnüren, Ordensspange und Lackschuhen. Offiziersbegleitung für jeden höheren Mitarbeiter Kohls, Kanzleramtsminister eskortiert von einen weiblichen Hauptmann. Ach könnten ihn doch so seine hessischen Wähler sehen!

Bevor es zum Essen geht (Fasanenbrust, Lachs, Ziegenkäse, Haselnußeis, kalifornische Weine), nehmen der Kanzler und die Clintons, eingerahmt von Fahnenträgern, das Defilee der 125 Gäste ab. Die Herren tragen Smoking oder Uniform, die meisten Damen langes Kleid. Ein Offizier ruft jeden einzelnen auf: "The Vice President and Mrs.Gore!" Der Kanzler scherzt: "Wir haben uns lange nicht gesehen." Genau zwei Stunden nicht. "Senator Strom Thurmond, South Carolina!" Kohl: "Den jungen Mann kenne ich schon lange." Der Senator ist 92.

Die First Lady, Hillary Clinton trägt ein bordeaux-rotes, knöchellanges Taftkleid mit tiefem Ausschnitt, reißt bei jeder Begrüßung die hübschen Augen auf. Ein Fünf-Sterne-General kneift wie ein Rekrut die Gesäßbacken zusammen.

Im Bankettsaal goldene Bestecke und Kerzenhalter, Teller mit Goldrand, rote Rosen und zu Herzen gehende Tischreden. Clinton schwärmt von Kohls Gastfreundschaft in Oggersheim: "Kein Politiker in der ganzen Welt liebt seine Heimat mehr als Helmut Kohl." Das Wort "Heimat" spricht er deutsch aus. Der Kanzler ist gerührt, "Heimat ist, was die Menschen bewegt", dankt einmal mehr für die Hilfe der Amerikaner nach dem Krieg. Schließlich Toasts, Applaus, Stühlerücken, der Stargast muß noch in der Nacht zurück nach Germany - Wahlkampf in Hessen. Die amerikanischen Gäste bleiben zum after dinner dance. Da wäre Kohl auch gern geblieben. Aber er hat Kniebeschwerden.

Für vier Stunden
zum Anti-Terrorgipfel ans Rote Meer

Start kurz vor fünf Uhr früh vom Köln/Bonner Flughafen zum Anti-Terrorgipfel in Sharm el Sheick, Ägypten. Zu dieser unchristlichen Zeit, nach nur knapp vier Stunden Schlaf, sieht auch der Kanzler nicht besonders frisch aus: etwas blaß, leicht verwuscheltes Haar, Hemd ohne Schlips. "Na, so fröhlich hier miteinander?", frozzelt er die mitfliegende Journalisten an. "Vielleicht sollten wir uns öfters um diese Zeit treffen."
Seine Stimme klingt kratzig. Am Abend vorher sprach er auf einer Wahlkundgebung in Pforzheim. Im Freien bei minus 6 Grad und Schneetreiben. Mit Hustensaft versuchte er die Stimme zu halten. Um ein Uhr schließlich ins Bett gekommen.
Das plötzliche Gipfeltreffen schmiß seine Termine über den Haufen. Die Konferenzidee kam von Clinton. Ägyptens Ministerpräsident Mubarak wurde als "Co-Sponsor" gewonnen, alsdann Bonn als ersten von dem Vorhaben unterrichtet: Treffen der Staats- und Regierungschefs von 29 Staaten an der Südspitze der Halbinsel Sinai. Ziel: Perres und Arafat den Rücken stärken, vom Friedensprozess trotz der schrecklichen Bombenattentate nicht ablassen, der israelischen Bevölkerung ein deutliches Zeichen geben: Der Westen (plus Rußland und Japan) halten zu Euch!.
Die Luftwaffenmaschine des Kanzlers mußte 70 Minuten über Sharm el Sheik Warteschleifen ziehen, der Flughafen mitten in der Wüste, ist dem Ansturm der Prominenz nicht gewachsen. Auf der einen Seite das dunkelblaue Wasser des Roten Meers, auf der anderen karges, gezacktes Gebirge. Der Tagungsort eigentlich ein Urlauberparadies. Das Gipfeltreffen findet im "Mövenpick" (des Kanzlers Lieblingseis) statt. Riesiger mit grünem Tuch bespannter Konferenztisch. Man merkt es an der Art der Begrüßung: Kohl bekommt den meisten Respekt, hat die besten Beziehungen zu allen Anwesenden.
Seine Erklärung ist kurz: "Die Attentate sind eine Herausforderung an die Staatengemeinschaft... Es gibt zum Friedensprozeß keine

Alternative... Gemeinsam müssen wir gegen den Terrorismus vorgehen." Er verspricht Israel und den Palästinenser weitere Hilfe.

Aber: "Er muß aus der 2.Reihe spielen" (ein Kanzlerberater). Nicht vordrängen, nicht die Feinfühligkeit arabischer Teilnehmer verletzen. Syrien, Libyen, Libanon und der Iran fehlen bereits am Verhandlungstisch. Darum heißt das Treffen auch offiziell "Peacemakers's Summit" - Friedensstifter-Gipfel. Am liebsten hätten es die Israelis gesehen, wenn Clinton und Kohl gemeinsam in Tel Aviv aufgetreten wären. Aber das hätte die Araber vergrätzt. Der Gipfel in Sharm el Sheik ist der Kompromiß.

Am Abend ist der Kanzler wieder in Bonn. Die Welt - das globale Dorf. Dann schlüpft der Staatsmann Kohl wieder in die mühsame Rolle des Wahlkämpfers. Mit Auftritten in Lörrach und Villlingen - und viel Hustensaft.

Für die Chinesen eine Symbolfigur
"Der große Dicke"

Als der Kanzler 1984 seinen ersten China-Besuch abstattete, zufällig auf einer Brücke über dem Jangtsekiang-Fluß eine Studentengruppe ansprach, "Was glaubt Ihr, woher ich komme?", sagte ein junger Mann nach Sekunden verlegenen Nachdenkens: "Aus Rußland."

Heute kennen nicht nur Millionen Chinesen Helmut Kohl, sie haben ihm auch schon einen Spitznamen verpaßt: "Der große Dicke."

Bei seinem letzten Besuch im November 1995 mit militärischem Pomp empfangen. Vorbei die Zeiten ultra-kommunistischer Gleichmacherei, als das chinesische Militär noch Mao-Look und keine Rangabzeichen trug. Jetzt blitzten wieder Litzen und Messingknöpfe, wippten Affenschaukeln auf stolz geschwellten Soldatenbrüsten. Merkwürdig nur: Die militärische Begrüßung fand trotz herbstlichen Sonnenscheins nicht im Freien, sondern in der Halle des Volkes statt. Ältere Herren verkühlen sich eben im November leicht.

Mittags eine Geste besonderer Wertschätzung: Chinas erster Mann, Staatspräsident Jiang Zemin, lud den Besucher aus Bonn zum Gespräch und Essen in die Verbotene Stadt ein - einst abgeschirmte Residenz chinesischer Kaiserdynastien, heute eine Art Kreml mit Schlitzaugen. "Moment mal!", sagte der Gastgeber auf deutsch, strich sich lachend mit beiden Händen das pechschwarze Haar glatt - dann durfte fotografiert werden. Das Geschenk für Zemin zwei Blockflöten! Kohl wurde mit einer metergroßen Tuschezeichnung eines blühenden Mandelbaums bedacht. Der Gastgeber versah sie mit Widmung und Datum vom 13.November. "Dreizehn - das bringt Unglück!", stellte er im nächsten Moment erschrocken fest und machte aus der Dreizehn eine Zwölf.

Indes, auf den 12 Verträgen mit einem erhofften Volumen von zwei Milliarden Mark, die man am gleichen Tag schloß, wurde die Unglückszahl nicht geändert. Wenn das mal gutgeht.

Ho-Chi-Minh-City
Bootstour auf dem Saigon-River

Nachts um 3 Uhr wird unter meine Hotelzimmertür in Ho-Chi-Minh-City (früher Saigon) ein Zettel geschoben. Liebesgrüße einer Unbekannten? Nein, Post vom Delegationsbüro. "An alle Medienvertreter. Betr.: Bus-Stadtrundfahrt und Schifffahrt mit Mittagessen auf dem Saigonfluß von 12 bis 15 Uhr. Der Bundeskanzler würde sich freuen, wenn sie ihn bei den genannten Programmpunkten begleiten." Manchmal kann er richtig lieb sein, unser Kanzler.

Am Morgen, er trug noch Schlappen und keinen Schlips, sein pensionierter Berater Ackermann (der als Sondergast mitreisen durfte) war nach dem Duschen noch nicht ganz trocken hinter den Ohren, überflog Kohl das Programm. "Wer hat diesen Unsinn angeordnet, daß bei der Bootsfahrt die Presse von uns getrennt im Unterdeck bleibt?" Geduckte Köpfe, keiner wills gewesen sein. Also sprach der Chef: "Wir machen bunte Reihe." Dann mittags auf dem Oberdeck: Links vom Kanzler der Journalist Ulrich Reitz, damals noch Bonner FOCUS-Chef, rechts Kohls neues Faible, Jungunternehmer Lars Windhorst, gegenüber Zukunftsminister Rüttgers und so weiter.

Die Bosse berichten von ihren Gesprächen und Geschäften. Siemens Chef von Pierer: "Der Bundeskanzler schuf eine vorzügliche Atmosphäre." Noch in der folgenden Nacht, ausgerechnet auf einer Parkbank (!), unterschrieb der Siemens-Boß seinen Anteil an seinem Großauftrag über 5 neungliedrige Dieselzüge, den die Deutsche Waggonbau an Land gezogen hatte. Mercedes-Benz-Vorstand Bernd Gottschalk (inzwischen Automobilindustrie-Präsident), der mit Kohl den Grundstein für ein Mercedeswerk in Ho-Chi-Minh-Stadt legte: "Ihre Anwesenheit ist ein gutes Omen für unser Projekt."

Dann nach Singapur, die letzte Station seines Asien-Trips. Das Einreiseformular, das im Flugzeug auch für Kohl auszufüllen war, hieß ihn auf der Vorderseite "Willkommen in Singapur", warnte auf der zweiten in Rot: "Todesstrafe für Drogenhändler!"

Beim Kaiser von Japan
Mit einer tiefen Verbeugung

Kaiser Akihito von Japan, Jahrgang 1934, auch "Nachfolger der erlauchten Güte" genannt, Sproß einer 2.653 Jahre alten Dynastie, lebt abgeschirmt in einem Palast inmitten Tokios, umgeben von einer riesigen grünen Parkanlage mit Wallmauern und Wassergraben aus dem 17. Jahrhundert. Das höfliche Lächeln der Hofbeamten täuscht. Sie schreiben dem Monarchen rigoros vor, was er machen kann und was nicht.

So durften anläßlich des Höflichkeitsbesuchs Kohls beim Kaiser nur 15 ausgesuchte deutsche Textjournalisten berichten - über die An- und Abfahrt von draußen! Im Regen! Ausdrücklicher Programmvermerk: "Der Kaiser ist nicht zu sehen."

Dabei ist der inzwischen 63jährige Monarch fast ein ganz normaler Mensch, liebt Reistopf, Jazz und alte Hosen. Und vielleicht hätte er sich mit Helmut Kohl gerne länger unterhalten - etwa über das gemeinsame Hobby der Haltung von Aquariumfischen. Aber der Besuch wurde von den Hofschranzen eiskalt auf 30 Minuten beschränkt. Noch der Vater des Kaisers, Hirohito, ehrte den Kanzler 1983 mit einem Mittagessen.

Auch nach Verlassen des Palastes verhielt sich das japanische Protokoll statt gastfreundlich widerborstig. Der Wunsch der deutschen Delegation, dem Kanzler für seinen Auftritt vor der internationalen Presse eine Flasche Mineralwasser hinzustellen, wurde zunächst mit dem Hinweis abgelehnt: "Er kann auch normales Wasser trinken. Wir sind kein Entwicklungsland."

Trotzdem: Der Kanzler spielte ungerührt seinen pfälzischen Charme aus, empfahl beim abendlichen Staatsbankett Ministerpräsident Hashimoto den Kauf der Telekom-Aktie ("Das ist gut angelegtes Geld"), besuchte die Börse, setzte sich an den Computerplatz eines Brokers ("Wie viele Millionen bewegt man, wenn man hier drückt?"). Die Börsenhändler erhoben sich dreimal, begeisternd applaudierend.

Zwischenruf: "Tokio-Börse setzt Handel wegen Kohls aus!"

Wer mit Kohl nach Südamerika fliegen durfte

Helmut Kohl - gestern noch in Argentinien, bis heute nachmittag in Brasilien, aber abends bereits in Mexiko. In achteinhalb Tagen 31.305 Flugkilometer! Speedy Gonzales.

Er reist mit zwei Koffern, zwei Kleidersäcken und einer 93-köpfigen Begleitung, darunter die Bundestagsabgeordneten Oswald (CSU), Hauser (CDU) und Ex-Wirtschaftsminister Haussmann (FDP). Ehefrau Hannelore blieb zu Hause. Aber mit im Kanzlertross 18 hochrangige Wirtschaftsvertreter und 16 Journalisten. Was muß man eigentlich anstellen, um mitgenommen zu werden?

Einem Drittel hat's der Kanzler irgendwann einmal versprochen. FDP-Haussmann zum Beispiel, mit Kohl 1993 in Indien, mußte damals vorzeitig abbrechen, weil seine hochbetagte Mutter sterbenskrank wurde (und kurz darauf verschied). Der Kanzler seinerzeit: "Fliegen Sie unbedingt zurück, Sie können ja ein anderes Mal wieder mitkommen." Das ist jetzt der Fall.

Ein weiteres Drittel sind Selbsteinlader. Zum Beispiel Jungunternehmer Lars Windhorst (19). VW-Chef Piëch, ebenfalls Mitflieger ("Ich weiß nicht mehr, ob ich mich oder das Kanzleramt sich zuerst gemeldet hat"), unterhielt sich mit Windhorst herzlich und lange.

Das letzte Drittel sind Mitreisende, die das Kanzleramt ausguckt. Zum Beispiel Arbeitgeberpräsident Stiehl, der allerdings diesmal wegen Terminschwierigkeiten absagen mußte. So auch der eingeladene Vertreter der SPD-Bundestagsfraktion. Wer von der Presse mitgenommen werden will, muß sich rechtzeitig melden - und selbst bezahlen!

Auffallend das Fehlen eines ranghohen AA-Vertreters in Kohls Reisegesellschaft. Kein Staatssekretär, kein politischer Direktor, wie es sich eigentlich gehört, geschweige denn Kinkel. Nur ein unbedeutender Unterabteilungsleiter. Daß der Kanzler sein eigener Außenminister ist, wird auf dieser Reise überdeutlich.

Täglich ein Mord
Hannelore Kohl im Armenviertel von Rio

Weihbischof Romer ist ein hochgewachsener, drahtiger Typ mit einer Kommandostimme, die keinen Verstärker braucht. "Ich werde zunächst fragen, ob wir in dieses Viertel hineingelassen werden. Wenn ja, zusammenbleiben, sich nicht provozieren lassen, im Notfall nur sagen: 'Padro!'. Das bin ich."
Hannelore Kohl, Frau Töpfer, Prälat Herkenrath vom katholischen Hilfswerk Misereor und vor allem vier deutsche Sicherheitsbeamte (mit Pistolen unter dem Jackett) waren in Begleitung des Bischofs mit einem Bus am Rand eines der ärmsten und gefährlichsten Viertels Rios vorgefahren. Links ein stinkender Bach mit Unrat, rechts ein sandiger Vorplatz auf dem Jugendliche bolzten und Erwachsene - die Männer mit nacktem Oberkörper - teilnahmslos herumstanden. Der Kirchenmann klärt die Lage, die Gruppe darf ins Viertel, ist im Nu umringt von kreischenden schwarzen Kindern. Nach einigen Minuten kommt plötzlich ein Mann daher: millimeterkurz geschorene graue Haare, Jeans, Sandalen, weißes Polohemd, darauf auf einem Lederriemen eine kleines Kreuz. Pater Frank, Holländer, seit 22 Jahren einziger geistlicher Betreuer dieses Viertels mit 180.000 Menschen. Ein Drittel Analphabeten, jeden Tag ein Mord! Die Fenster des Gemeindesaals haben Einschußlöcher, die Kugeln hat Pater Frank in ein Kreuz gesteckt, es sind schon über 30. Er fürchtet sich, erzählt von seiner Arbeit: "Hier wird täglich einer umgebracht. Es sind vor allem die Mütter, die ob ihrer ermordeten Söhne leiden." Frau Kohls Augen werden feucht.
Zuvor war die Kanzlergattin der 34jährigen Ärztin "Dr. Inez" begegnet, einer kleinen Frau mit blonder Lockenpracht, die eine Tagesklinik für Arme mit 4000 Patienten, darunter 120 Aidskranke, leitet. Und davor einer 50jährigen Bankiersgattin, deren Hilfs-organisation Straßenkindern hilft. Hannelore Kohl nach fünf Stunden Rundfahrt durch die Schattenwelt Rios: "Die da helfen, sind Helden, moderne Helden."

Im Gepäck Sauerstofflaschen für Mexiko-City

Mexiko-City - dritte Station der Südamerikareise des Kanzlers. 20 Millionen Einwohner, 2.240 Meter hoch gelegen. "Haben wir auch Sauerstoff-Flaschen dabei?", fragte Kanzlerarzt Professor Gillman. Der Medizinmann, überdies mit sarkastischem Humor ausgestattet ("Nicht kratzen, Graf, sich mehr waschen"), wollte kein Risiko eingehen. Dabei muß Kohls Herz die Robustheit eines Bulldozers haben. Während eines Chinabesuchs nahm er die über 80 Stufen zu einem Tempel im Sturmschritt, ohne außer Puste zu kommen. Sein gesundes Herz - neben guten Werten für Leber und Nieren -, ist die Erklärung, daß der Körper das enorme Übergewicht verkraftet.
Neben Herzspezialist Gillmann sind auf dieser Reise drei weitere Männer - darunter ein Amerikaner(!) - dafür verantwortlich, daß Helmut Kohl heil nach Hause kommt: Der Kommandant der Kanzlermaschine, Oberstleutnant Wilhelms (52), sowie die Co-Piloten Oberstleutnant Mindner (50) und Lieutenant Colonel Drow (44). Letzterer ist einer von 12 amerikanischen Offizieren, die im Rahmen eines dreijährigen Austauschprogramms (12 Deutsche fliegen gleichzeitig bei der US-Air Force) in der Luftwaffe fliegen - Zusammen haben die drei Erfahrung von 26.500 Flugstunden, davon 4.050 auf dem Airbus A 310, wie ihn der Kanzler benutzt.
Kommandant Wilhelms, Hannoveraner, verheiratet, zwei erwachsene Kinder, ist einer von 7 Airbus-Kommandanten der Bonner Flugbereitschaft. Wer den Kanzler, den Bundespräsidenten oder einen Minister fliegt, hängt vom Dienstplan ab. Kohl hat keinen "Leibpiloten".
Der über achtstündige Flug von Brasilia nach Mexiko war richtige Arbeit. Im Slalom mußte die Kanzlermaschine in 12.000 Meter Höhe an zahlreichen Gewitterfronten vorbeigesteuert werden. Während es ringsum gefährlich blitzte, schlief sich Kohl in einem ihm zur Verfügung stehenden Bett fit. Auch ein Grund, warum sein Herz so gut ist.

Staatsbankett
"Rosamunde, schenk mir dein Herz und dein Ja"

Staatsbankett zu Ehren des Bundeskanzlers im Palast des mexikanischen Präsidenten. Glitzernde Kristalleuchter, erlesene Weine, ein Streichorchester spielt deutsche Weisen.

Plötzlich erklingt "Rosamunde, schenk mir Dein Herz und Dein Ja" Erinnerungen an eine Nachtfahrt im letzten Weltkrieg mit einem Fronturlauberzug gen Ost: Ein kaltes, gegen Fliegerangriffe abgedunkeltes Abteil; ein Landser spielte auf einer Mundharmonika genau dieses Lied. Damals Deutschland gehaßt und verfeindet mit der halben Welt, heute fast überall gepriesen und geachtet. Mexikos Präsident Ernesto Zedillo: "Wir anerkennen die führende Rolle Deutschlands in Europa und in der Welt." Man glaubt, man träumt.

Helmut Kohl, - sein Gesicht ist leicht gerötet, strahlt -, unterhält sich vorzüglich mit seinem Gastgeber. Zum Schluß stehen die Herren vor den Musikern - Zedillo hat sich beim Kanzler untergehakt - und lassen sich ein Abschiedsständchen spielen. Der Kanzler vor diesem Abend: "Meine Absicht war eigentlich, nur meine Visitenkarte in Mexiko abzugeben und ein Signal für Deutschland zu setzen." Das ist ihm mehr als gelungen.

Über 500 deutsche Betriebe sind bereits in Mexiko angesiedelt. VW mit einem Werk in Puebla, das Kohl besuchte: 12.000 Arbeiter, deutsche Ausbilder, Jahresproduktion 240.000 Autos. Seit 1967 über 2,3 Millionen VW-Käfer gebaut. Die neueste, dort produzierte Käfer-Version, der "New Beetle", soll weltweit verkauft werden. Oder Siemens: 6.000 Beschäftigte in mehreren Betrieben, Allein 1996 dreißig Millionen für den Ausbau der Auto-Elektronik investiert.

Aber Kohl reicht das deutsche Engagement noch nicht. Seine Vision geht so weit, daß sich zum Beispiel RWE als Stromnetzbetreiber und die deutsche Telekom als Telefongesellschaft in Mexiko einkaufen sollen. "Dort wird mit der Privatisierung von Staatsbetrieben die Welt neu verteilt." Seine Botschaft an die deutschen Unternehmer: Dranbleiben, nicht nachlassen!

Gipfeltreffen. Der Kanzler hat's gern klein

Helmut Schmidt als Kanzler haßte es, mit großer Begleitung zu reisen. Helmut Kohl hat's auch gern klein. Man ist beweglicher. Auf dem OSZE-Gipfel der 54 Staats- und Regierungschefs im Dezember 1996 in Lissabon zählte die deutsche Delegation einschließlich fünf Dolmetschern 25 Personen - soviel wie die Vertretung von Aserbeidschan.

Der britische Premierminister kam mit einer 60köpfigen Delegation, Kanadas Premier Chretien mit 70 Begleitern und Amerikas Al Gore, wiewohl nur Vizepräsident, mit zirka 300. Aber wehe, Clinton wäre eingeflogen!

Zum Weltwirtschaftsgipfel in Lyon kam "Bill" mit sage und schreibe 800 Begleitern, 8 Flugzeugen (davon zwei Jumbos) und 12 eingeflogenen Limousinen. Für seine Delegation wurde ein komplettes Hochhaus angemietet, dessen Stromanlage von 220 Volt auf 110 umgerüstet. In der Präsidentenetage wurden sämtliche Fenster durch schußsicheres Glas ersetzt und auf dem Dach eine Anlage installiert, mittels derer alle Telefonate im Umkreis von 400 Meter abgehört und notfalls gestört werden konnten.

Nicht nur die Amerikaner betreiben Konferenzaufwand bis zum Exzeß. Beim EG-Gipfel in Essen brachte der italienische Regierungschef Berlusconi einen Visagisten samt Schminktisch mit. Alldieweil immer etwas zuviel Rouge im Gesicht, hieß er in Konferenzkreisen die "Karotte".

Mitterrand bestand in Essen auf einem besonderen Telefonsystem, wo er nicht zu wählen, sondern nur den Namen des gewünschten Gesprächpartners zu nennen brauchte ("'elmüt, si vous plait").

Helmut Kohl pflegt mit einer zusätzlich angegemieteten, normalen Leitung auszukommen, suchte die Telefonnummern in seinem BASF-Kalender heraus und wählte selbst an.

Kanzlerpiloten - Bis zu 18 000 Stunden in der Luft

Luftwaffen-Oberstleutnant Georg Flämig (57) war einer von 230 Kommandanten und Kopiloten der Bonner Flugbereitschaft, die für den sicheren Transport der Regierungsmitglieder garantieren. Er flog den Kanzler, zum Beispiel nach Ungarn. In seiner Boeing 707 saßen der Bundespräsident wie der spanische König und der Papst. Natürlich auch Genscher, Kinkel, Rühe und vielleicht sogar Rita Süssmuth. Flämig hat 18 200 Flugstunden auf dem Buckel und über 2000 Atlantik-Überquerungen hinter sich. Eine stolze Leistung.

Nun ist für ihn Schluß. Oberstleutnante - nicht nur Piloten - werden beim Bund mit 56 in den Ruhestand geschickt (Majore mit 54). Bei Flämig wurde die Dienstzeit bereits um ein Jahr verlängert. Mehr ist nicht drin.

Wird er sich einer zivilen Airline andienen? "So perfekt wie bei der Flugbereitschaft, wird es nie wieder. Also lasse ich es ganz." Hinzu kommt, daß die über 30 Jahre alte Boeing 707, die er ausschließlich flog, nur noch in Entwicklungsländern eingesetzt wird. Darum mustert die Flugbereitschaft mit Flämig die zweite von einst vier '707' aus. Sie stehen zum Verkauf.

Die Flugbereitschaft, die auch regelmäßig Bundeswehrsoldaten zu Übungen nach Kanada und den USA sowie UN-Hilfstransporte fliegt, verfügt z.Zt. über 43 Maschinen verschiedenen Typs, darunter inzwischen 5 Airbusse. Weil es Piloten, die nur Herzog oder Kohl fliegen, nicht gibt, kann in bestimmtem Situationen härter durchgegriffen werden. Als der Kanzler 1988 seinen Australienreise wegen des plötzlichen Todes von Franz Josef Strauß abbrechen und 18 000 Kilometer zurückjetten mußte, fehlte beim Tankstop in Sharja die Ablösungscrew - sie lag im benachbarten Dubai am Swimmingpool. Irgendwo zwischen Bonn und Dubai war eine Informationspanne passiert. Als sie nach zweieinhalb Stunden eintraf, ganz klein mit Hut, und "Startklar" meldete, knurrte Kohl: "In Bonn erwarte ich einen schriftlichen Bericht, meine Herren!"

Das Parlament
Manchmal so lustig wie im Kino

Höchst spannend
Die persönlichen Daten der Abgeordneten

Zum Handwerkszeug Bonner Journalisten gehört das Amtliche Bundestagshandbuch mit Fotos und Lebensläufen aller 672 Abgeordneten. Eine Fundgrube! Über Schäuble kann man nachlesen, daß er einmal Finanzamtsbeamter war, Ex-Pfarrer und DDR-Verteidigungsminister Eppelmann (CDU) Maurer, und daß die SPD-Dame Däubler-Gmelin in Preßburg/Bratislava geboren ist (Vater gehörte zur deutschen Gesandtschaft).

Kohl ist mit neuem Foto abgebildet, das Gesicht voller; einige Unionsdamen (Bergmann-Pohl, Blank, Böhmer) haben gemogelt, das alte Foto aus dem letzten Handbuch geschickt. Jörg van Essen (FDP) trennte sich von seinem Schnauzbart, Hans Martin Bury (SPD) von seinen Nackenlocken à la Friedmann.

MdB Breuer diente bei der Bundeswehr, heute Major der Reserve, sein Fraktionskollege Dehnel leistete Wehrdienst bei der NVA. Im Ernstfall hätten sie womöglich aufeinander geschossen.

Der PDS-Abgeordnete Zwerenz vermerkt, daß er während des Krieges zu den Sowjets stiften ging. 1957 stand im Lebenslauf des FDP-Abgeordnete Zogelmann "HJ-Führer", 1969 beim CDU-Mann Wissebach "Wehr- und Kriegsdienst bei der Waffen-SS". So ändern sich die Zeiten.

Umweltministerin Angela Merkel führt zusätzlich den schönen Vornamen Dorothea, der CDU-Abgeordnete Bargfrede, im letzten Bundestag als "geschieden" gemeldet, hat wieder geheiratet.

Scharpings Lebenslauf erschöpft sich in 6 Zeilen, der von Schily in fünf. Nix gläserner Abgeordneter. Zusätzlich erscheint Bundestagshandbuch 2.Teil: Nebentätigkeiten und Beraterverträge. Da *müssen* alle die Hosen runterlassen.

Viele Abgeordnete zahlen keine Kirchensteuer - legal

"Danket dem Herrn, denn er ist gütig, denn seine Huld währt ewig..." Ein kleiner Raum hinter dem Plenarsaal. Unter dem Christuskreuz ein Lichtbogen mit elf Kerzen aus dem Erzgebirge: Morgenandacht im Bundestag.

Indes, die wenigen, die da mit dem 118. Psalm beten, darunter der ostdeutsche CDU-Abgeordnete Dehnel, Kantor Gustav Brandt und Platzmeister Glomb, wirken wie das Fähnlein der letzten Aufrechten.

Wiewohl vor jeder Plenarsitzung Punkt 8 Uhr 30 über Lautsprecher die Glocken des Kölner Doms zur Andacht im Bundeshaus rufen, findet sich von 672 Abgeordneten inzwischen weniger als eine Handvoll zur Zwiesprache mit Gott ein. Weder Kohl noch Scharping sind darunter.

Kein Wunder. Der frühere Münchner Oberkirchenrat und jetzige bayerische Senator Werner Hofmann fand Erstaunliches heraus: 27 Prozent aller Bundestagsabgeordneten gehören keiner Religionsgemeinschaft an; bei der FDP beträgt der Anteil bereits 32 Prozent, unter den SPD-Adgeordneten 42, beim Bündnis90/Die Grünen gar 61 und - kein Wunder - bei Honeckers Erben, der PDS, 93 Prozent. Lediglich in der CDU/CSU-Fraktion gehört jedermann einer Kirche an. Noch.

Anfangs der Bonner Republik waren - bis auf die Kommunisten und wenige Sozialdemokraten - alle Abgeordneten konfessionsgebunden. Ein großer Teil der katholischen nahm jedes Jahr, im schwarzen Anzug oder gar Cut, an der Fronleichnamsprozession auf dem Bonner Mark teil! 1961, vor der Eröffnungssitzung des frischgewählten Bundestags, knieten in der Bank beim Gottesdienst im Bonner Münster Kanzler Adenauer und sein Koalitionspartner, der FDP-Abgeordneten Mende.

Und künftig? Bereits nach der nächsten Bundestagswahl könnten die Konfessionslosen im Parlament die Mehrzahl sein. Dann zum Beispiel wäre es möglich, mit einfacher Mehrheit, den staatlichen Einzug der Kirchensteuern zu beseitigen! Und noch mehr.

Als Kanther zurückgepfiffen wurde

Sitzungswoche im Bundeshaus - unterhaltsam wie Kintopp. Im Restaurant einträchtig Tisch an Tisch Grünen-Sprecher Joschka Fischer, Freund guten Essens wie erlesener Weine, und Peter Struck, Scharpings Fraktions-Hütehund. Ich denke an die Blamage für die Sozialdemokraten beim Zusammengehen der CDU/CSU mit den Grünen anläßlich der Wahl Antje Vollmers zur Bundestags-Vizepräsidentin. Flachste Struck an: "Na, Fischer schon ein Stück zurückgezogen?" "Bis zur Mitte, habe ich ihn." Fischer: "Mein lieber Peter, wo ich bin, ist immer die Mitte."

Ich plaziere mich an einem anderen Tisch. Ein FDP-Abgeordneter setzt sich zu mir. "Wir müssen langfristig planen, uns auf einen Kohl-Nachfolger einstellen. Es kann ja nicht nur auf Schäuble zulaufen! Was halten Sie von Waigel als Kanzler?" "Spielt da die CDU mit?" "Ich glaube ja. Rühe und Biedenkopf bekämen keine Mehrheit in der Fraktion - haben keine Chance."

Auf dem Weg zur Pressetribüne fragt mich unser Gesundheitsminister nach einem Kollegen, der einen Artikel über die Krankenversicherung schrieb, an dem "nicht eine Zeile wahr ist. Den Jungen nehm ich mir an die Brust!" "Sie finden ihn in der Bar." Im Abgang prophezeit Seehofer mir, dem privat DKV-Versicherten: "In spätestens sechs Jahren beträgt Ihr Monatsbeitrag "2000 Mark!" "Mir stinken schon die 1145,30 Mark, die ich zur Zeit zahle."

Zu Beginn der CDU/CSU-Fraktionssitzung taucht plötzlich der SPD-Abgeordnete und Fliegenträger Conradi auf. Verlaufen oder Überläufer? Noch-Postminister Bötsch kräht: "Gebt doch mal 'n Asylantrag her!" Conradi wollte nur zwei Architekten den Raum zeigen.

Innenminister Kanther (CDU) verschwand nach seiner Rede zur Regierungserklärung, statt sich die Antworten der Opposition anzuhören. Die erzwang darauf die Herbeirufung Kanthers (§42 Geschäftsordnung). Bereits im Auto unterwegs, wurde er per Funk zurückgepfiffen. Schadenfreude bei seiner Rückkehr. Kintopp!

Joachim Hörster
Kohls Wachhund im Parlament

Wer garantiert eigentlich Helmut Kohl, daß bei der heutigen Schlußabstimmung im Bundestag über das Sparpaket kein Koalitionsabgeordneter aus der Reihe tanzt?

Kohls Wachhund heißt Joachim Hörster, ist 1.Parlamentarischer Geschäftsführer der Unionsfraktion und hat Erfahrung im Zusammentreiben der "Herde". Bei den zwei einzigen vorangegangenen kontroversen Abstimmungen in dieser Legislaturperiode, wo wie heute die Kanzlermehrheit (mindestens 337 Stimmen bei 341 CDU/CDU/FDP-Abgeordneten) erforderlich war, fehlte lediglich das letzte Mal einer: der malariaerkrankte Rexrodt.

Für heute kann sich Hörster auf ein doppeltes Frühwarnsystem stützen: Das Sparpaket wurde aufgeschnürt, so daß über drei Gesetze, plus dritte Stufe der Gesundheitsreform, einzeln votiert wird - vereinfacht gesagt über: Lohnfortzahlung und geänderten Kündigungsschutz, längere Lebensarbeitszeit für Frauen, 10prozentige Absenkung des Krankengeldes nach Lohnfortfall sowie Kostenerstattung bei Nichtanwendung von Amalgam (Kanzlermehrheit für alternative Zahnfüllung!!).

Sollten Abgeordnete aus dem Regierungslager mit einer Sparmaßnahme nicht einverstanden sein - wie der FDP-Abgeordnete Hirsch bei der gekürzten Lohnfortzahlung im Krankheitsfall -, brauchen sie nicht gegen das Sparpaket insgesamt zu stimmen.

Zweitens: Vor jeder Abstimmung müssen die Abgeordneten, zusätzlich zu ihren Stimmkarten, Wahlausweis vorweisen, die sie vor Betreten des Sitzungsaales in Empfang nehmen. Holt einer nicht ab, startet Hörster sofort eine Suchaktion. Auch für die Teilnahme der erkrankten Abgeordneten Borchert und Glos ist vorgesorgt. Notfalls im Rollstuhl.

Kohl weiß, auf den 51jährigen Hörster, von Beruf Anwalt, seit 19 Jahren im Bundestag, ist Verlaß. "Der kann voraussetzen, daß sein Erster Parlamentarische Geschäftsführer weiß, worum es geht" (Hörster).

Das Geheimnis der 2 300 Heinzelmännchen

Er trug einen grauen grauen Arbeitskittel, schob in einer sitzungs-
freien Woche einen Karren Altpapier durchs Bundeshaus und
grüßte freundlich. Das Gesicht kam bekannt vor. Aber wo um
Himmels willen es einordnen? Dann fiel der Groschen! Das war
einer jener sonst befrackten, Amtswürde verstrahlenden Saaldiener,
die während der Sitzungen in der Lobby und im Plenum Dienst tun.
Der Bundestag hat nicht nur 2 300 Beschäftigte mit zum Teil
mehrfachen Tätigkeiten, das Überraschendste ist die bunte Mi-
schung der Berufe. Assistenten, Sekretärinnen, Telefonistinnen,
Fahrer, Pförtner, Boten und (neunzig) Putzfrauen - das vermutet
man. Aber das Hohe Haus beschäftigt auch einen Dekorateur, einen
Gärtner, 3 Schreiner, 17 Elektriker, 15 Fachleute für Heizungs- und
Klimatechnik 11 Sanitär- und Schlossereihandwerker, 8 Aufzugs-
und Fördertechniker. In der eigenen Postverteilungsstelle sitzen 24
Beschäftigte, in der Druckerei 31.
Es gibt 8 Übersetzer, 27 Stenografen. Die 1,1 Millionen Bände zäh-
lende Bibliothek beschäftigt 100 Mitarbeiter, darunter einen Buch-
bindermeister. Im Erdgeschoß sitzen 37 Lektoren, Ausschneider
und Kleber der Zeitungsausschnittdienste, der unter Leitung eines
Professors, Dr. Keim, laufend 290 Publikationen auswertet und
über 18 Millionen Blatt gesammelt hat. Im Keller sitzen die
"Maulwürfe" - Magazinverwalter
Eigene Sicherheitskräfte bewachen über 100 Liegenschaften. Ein
Arzt und eine Krankenschwester stehen bereit. Köche und Kellner
sind präpariert, täglich über 3 000 Personen zu beköstigen.
Fernsehspezialisten zeichnen rund um die Uhr politische Sen-
dungen auf. Hauseigene Redakteure geben "HiB" und "WoB"
heraus - "Heute im Bundestag" und "Die Woche im Bundestag". Es
gibt einen EDV-Papst mit doppeltem Doktortitel, PC-Lehrer- und
Troubleshooter sowie täglich Gottesdienst in "Little Rita Town"!
Denn neun Pfarrer zählt das Parlament - fünf von der SPD, drei
CDU/CSU, einer Bündnis90/Die Grünen.

Ein erkleckliches Zubrot für Fraktionsbosse

Zu den Merkwürdigkeiten der Finanzausstattung Bonner Politiker gehört, daß Fraktionsvorsitzende, deren Stellvertreter und Parlamentarische Geschäftsführer aus den Fraktionskassen und damit aus Steuergeldern einen Zuschuß zu ihren regulären Diäten erhalten. Danach bekommen seit Jahrzehnten die Vorsitzenden der CDU/CSU Fraktion soviel wie ein Bundesminister (z. Z. monatlich 27.071 Mark); die Ersten Parlamentarischen Geschäftsführer soviel wie ein Parlamentarischer Staatssekretär (22.055 Mark). Wieviel heute Schäuble genau dazubekommt, wird geheimgehalten.

Die SPD-Fraktion macht aus dem Aufgeld kein Geheimnis. Dafür ist die Zugabe bescheidener. Der Vorsitzende erhält zusätzlich zu seinen regulären Abgeordnetenbezügen (monatlich 15.893 Mark) ein Beibrot von monatlich 5.064 Mark, seine vier Stellvertreter - Däubler-Gmelin, Dreßler, Matthäus-Maier, Thierse - 4.051,20 Mark. Das ist mehr, als es unter Jochen Vogel gab. Der beschied sich angeblich mit 4.000 Mark Mehrgeld, seine Stellvertreter mit 2.000 Mark.

Die FDP-Fraktion wiederum ist großzügiger: Fraktionschef Solms bekommt einen monatlichen Zuschlag von 10.128 Mark, seine Stellvertreter erhalten 3.798, der Parlamentarische Geschäftsführer 5.064 Mark extra.

Undurchsichtig - wen wundert's - ist es bei der PDS. Deren Sprecher Reents: "Ich kann mir kaum denken, daß es so etwas bei uns gibt. Der Gysi klagt doch dauernd, daß er kein Geld hat." Beim Bündnis 90/Die Grünen heißt es klipp und klar: "Die kriegen nix extra."

Alle Zuschüsse stammen aus Geldern, welche die Fraktionen als "Zuweisungen" aus dem Bundestagsetat erhalten. Das sind bei der CDU/CSU 44,8 Millionen Mark im Jahr. Unklar ist, wer mit diesem Zubrot, das versteuert werden muß, anfing. Ex-Politiker Rainer Barzel: "Als ich 1964 CDU/CSU-Fraktionschef wurde, fand ich diese Regelung schon vor."

Warum wollen alle ins Bundestags-Präsidium ?

Was ist eigentlich am Posten des Bundestags-Vizepräsidenten so verlockend, daß sich nach der letzten Bundestagswahl fast ein Dutzend Abgeordnete bei nur vier zu vergebenden Stellen bewarb? Klein, Geiger, von der CSU; Klose, Conradi, Hanewinckel, Fuchs von der SPD; Hirsch, Weng, Schmalz-Jacobsen (Schwaetzer?) von der FDP; und Antje Vollmer von den Grünen...

Die Antwort: die vier, die das Rennen machen - womöglich nach einer Kampfabstimmung -, sind für vier Jahre gewählt. Kein verärgerter Kanzler, kein die Zuchtpeitsche schwingender Scharping, keine aufmüpfige Fraktion, wie die Grünen, kann ihnen in dieser Zeit den Posten wieder wegnehmen - anders als ein Minister oder Staatssekretär, der jeden Tag um seinen Job bangen muß. Außerdem gibt's 50 Prozent mehr Diäten. Ein Vizepräsident des Parlaments kommt monatlich auf 21.527 Mark brutto, davon 5.978 Mark steuerfrei.

Rita Süssmuths Stellvertreter rangieren - was bei Staatsbesuchen wichtig ist - protokollarisch nach Bundesministern, aber vor Landesministern! Sie haben Dienstwagen mit Chauffeur, Büro mit Rheinblick, zwei Sekretärinnen und einen Referenten. Wenn sie nach vier Jahren nicht wiedergewählt werden oder gar aus dem Bundestag fliegen, haben sie weitere vier Jahre Anspruch auf Freifahrt bei der Bundesbahn, Benutzung der Bundestags-Fahrbereitschaft, kostenlos Telefon und Fax zu Haus und den Gratisbezug von zwei Tageszeitungen.

Das Gerangel um solche Pfründe droht sogar die Fraktionen zu spalten. Kaum erklärte sich zum Beispiel CSU-Landesgruppenchef Glos für die Wiederwahl seines Parteifreundes "Johnny" Klein ("Ich sehe keinen anderen Bewerber"), warf die CSU-Abgeordnete Michaela Geiger ihren Damenhut in den Ring. Sie unterlag. Dann starb Klein plötzlich vor Weihnachten 1996, und sie durfte aufrücken. So spielt das Schicksal.

Sterbenskranke zur Abstimmung - muß das sein ?

Das Bild ist unvergeßlich: Abstimmung im Bundestag über das Sparpaket. Die Kanzlermehrheit ist erforderlich. Sogar die frischoperierten Abgeordneten Jochen Borchert (CDU) und Michael Glos (CSU) werden herangekarrt. Letzterer, eigentlich ein Bär von Mann, kommt bleich, abgemagert, tastenden Schrittes ins Plenum. Was man erst Wochen später von ihm erfährt: "Ich hatte vier Operationen und acht Narkosen."

Was ist das für eine Politik, die mit ihren Repräsentanten derart unmenschlich umgeht? Wo sind die Verantwortlichen?

Im französischen Parlament kann sich der Abgeordnete bei Krankheit, Unfall oder familiären Ereignissen (Tod eines Angehörigen) vertreten lassen. Der Vertreter kann sogar mit Zustimmung des verhinderten Abgeordneten seinerseits einen Vertreter bestimmen! Und bei uns?

Glos: "In Deutschland darf man zwar im Krankenhaus im Beisein eines Notars sein Abgeordnetenmandat niederlegen, aber nicht, nachdem man eine Bundestagsdebatte live im Fernsehen verfolgte, sein Ja oder Nein für die Abstimmung vom Notar protokollieren lassen!" Das versteh' mal einer.

Verfassungsrechtliche Bedenken werden vorgeschoben und sogar die Geschäftsordnung des Reichstags aus Kaisers Zeiten als Ablehnungsgrund zitiert! In Wahrheit läuft es auf die bekannte Ausrede hinaus: "Das haben wir noch nie so gemacht, da kann ja jeder kommen."

Als Bundestagsvizepräsident Klein starb und anderntags seinen verwaisten Platz im Plenarsaal weiße Nelken schmückten, durchfuhr es den daneben sitzenden Glos: "Zwanzig Zentimeter weiter nach links, und die Blumen hätte mir gegolten."

Das Leben ist kurz und der Beruf ruinös.

CSU-Singhammer hat sechs Kinder

Es gibt verschiedene Möglichkeiten, um als Parlamentsneuling auf-
zufallen:
* mit alten Aktfotos aus einem Sexfilm (Dagmar Wöhrl, CSU)
* als geborener Türke (Cem Özdemir, Bündnis90/Grüne)
* oder als Vater von sechs Kindern wie Johannes Singhammer
  (CSU), seit 1994 im Bundestag.
"Ich glaube, daß es kaum ein größeres Glück gibt, als die Liebe von
Kindern zu erfahren," sagt er.
Es war eine weise Personalentscheidung einen Mann mit dieser
Einstellung zum Vorsitzenden der Kinderkommission des Bundes-
tages zu machen.
Das aus fünf Mitgliedern bestehende Gremium ist eine Art Kinder-
lobby: Gesetzentwürfe werden auf Kinder-Freundlichkeit überprüft
und eigenen Initiativen entfaltet (z. B. Gibt es technische Wege es
Kindern unmöglich zu machen, über Zappen auf nicht jugendfreie
Fernsehprogramme zu stoßen?).
Außerdem beantwortet die Kommission Kinder-Post. Schrieb zum
Beispiel ein achtjähriger Alexander: "Ich hatte von meiner Oma
100 Mark gekriegt und wollte eine Lok kaufen. Aber meine Mutter
wollte das nicht und hat Bundesschatzbriefe für mich gekauft. Und
das hat mich geärgert. Deshalb möchte ich, daß Kinder ab acht
Jahren schon selber über ihr Geld bestimmen dürfen. Können Sie
bitte das Gesetz ändern?" (Nein, alleinige Verfügung erst ab 18.)
Singhammer, dunkelblond, Schnurrbärtchen, sympathisches Lächeln, sind Kinderwünsche wohlfeil. Als ihn seine Frau, eine zur
Zeit beurlaubte Staatsanwältin, mit den sechs Kindern in Bonn
besuchte, sah das Programm vor: Bundestag, Haribo, Phanta-
sialand. Dabei haben es Ausflüge kinderreicher Familien in sich.
"Wenn Sie alle schließlich angezogen haben, sind Sie schon
erschöpft."
Johannes Singhammer - kein außenpolitischer Star, kein Wehr-
experte - "nur" für Kinderfragen zuständig. Dafür aber garantiert
kein Politiker, der das Kind mit dem Bade ausschüttet.

Die Grünen – Anzug mit Weste statt Turnschuhen

Wenn Joschka Fischer neuerdings im Bundestag auftritt, erinnert er an ein tunesisches Sprichwort: Kleide einen Kater schön ein, und er wird ein Bräutigam.

Zur Finanz-Debatte trat der Sprecher der Bündnis 90/Grünen-Fraktion im grauen modischen Westenanzug mit hellem Hemd und gelber Krawatte ans Rednerpult. Schnieke wie ein Dressman. Noch in den 80er Jahren provozierte er die gestrenge Kleiderordnung des Hohen Hauses im T-Shirt und kariertem Sportjackett. Unvergessen seine Vereidigung 1985 im hessischen Landtag als Umwelt- und Energieminister in weißen Turnschuhen.

Inzwischen sind auch die Grünen auf den Trichter gekommen: Kleider machen Leute. Ihr Abgeordneter Cem Özdemir veranstaltete eine Pressekonferenz zum Thema Einwanderungsrecht sogar im schwarzen Westenanzug. Und der Grünen-Abgeordnete Rezzo Schlauch, der früher Gammellook bevorzugte, trägt, seitdem er für den Posten des Stuttgarter Oberbürgermeisters kandidierte (erfolglos), Hemd und Krawatte. Spötter meinen: Wäre er zum Haarschneider gegangen und hätte sich von seiner Nackenrolle getrennt, wäre doch noch OB geworden.

Zur Erinnerung: Als die Grünen 1983 erstmals in den Bundestag einzogen, kam ihr Abgeordneter Kleinert wie Jesus mit schulterlangem Haar, das Hemd weit aufgeknöpft. Sein Kollege Hecker hatte einen knallgrünen Schlips mit einem Aufkleber gegen die Volkszählung angelegt. Und Fischers Vorgängerin als Grünen-Sprecherin, Marieluise Beck-Oberdorf, trug einen Tannenzweig vor sich her, die anderen Blumentöpfe. Allesamt sahen aus, als wollten sie die "Mayflower" besteigen und nach Amerika auswandern.

Heute wollen Grüne wie Joschka Fischer nur eines - an die Macht. Aber dort gilt: Wer sich albern kleidet, wird nicht ernst genommen.

Wie sich Kohl im Parlament munitioniert

Ganz schön raffiniert unser Kanzler! Zum Beispiel im Bundestag. Waigel verteidigte sich gerade gegen die Angriffe der Opposition, da drehte sich Kohl zum hinter ihm sitzenden Minister Bohl um, flüstert diesem etwas zu.

Bohl verließ die Regierungsbank, ging wie von ungefähr zum Block der Unionsabgeordneten, blieb neben dem Saarbrücker Abgeordneten Peter Jacoby stehen, flüstert nun jenem ins Ohr. Der nickte, wechselt seinen Platz, setzt sich in die letzte Reihe neben einen der Ausgänge.

Nach einigen Minuten verließ Kohl den Plenarsaal durch genau diesen Ausgang, würdigte aber anscheinend Jacoby keines Blickes. Erst als der Kanzler die Glastür passiert hatte, folgt ihm der Abgeordnete, vermied es jedoch, Kohl einzuholen. Erst als der Kanzler hinter einer Wand verschwand - unsichtbar für den Rest des Parlaments, schloß Jacoby zu ihm auf. James Bond ließ grüßen! Nach fünf Minuten kehrt Kohl mit Pokerface zurück zur Regierungsbank. Nach weiteren drei Minuten betrat auch Jacoby wieder den Plenarsaal - als sei nichts gewesen.

In Wahrheit hatte Kohl den Fraktionskollegen hinausbitten lassen, um sich von ihm - unbeobachtet von Lafontaine und der SPD-Fraktion - über die finanzielle Misere des Saarlandes unter dem "kleinen Napoleon" noch einmal munitionieren lassen (13 Milliarden Mark Schulden, jährlich 1,6 Milliarden Bundeszuschuß). Jacoby, Jahrgang 1951, ehemaliger CDU-Landes- und Fraktionsvorsitzender, noch immer CDU-Kreisvorsitzender Saarbrücken, kennt sich bestens aus.

Aber Kohl brauchte in der Debatte sein Pulver nicht zu verschießen. Lafontaine gab ohnehin eine schwache Vorstellung ab. Der Kanzler beließ es bei Andeutungen: An anderer Stelle werden man sich mit der den maroden Finanzen der SPD-regierten Bundesländer beschäftigen!

Und wie informiert sich SPD-Chef Lafontaine?

Wer ist zum Beispiel in Wirtschaftsfragen Lafontaines engster Gesprächspartner? Niedersachsens Ministerpräsident Schröder? NRW-Finanzminister Schleußer? Fraktionsfinanzexpertin Matthäus-Maier?

Vielleicht Schleußer, aber der auch nicht so eng, wie jene Dame, die lange Zeit als wichtigste Aufgabe das Stillen ihres Babys, Carl Maurice, betrachtete: Ehefrau Christa Lafontaine.

Frau Lafontaine ist, was die wenigsten erinnern, Diplomvolkswirtin, war bei der EG beschäftigt und betreut als freie Mitarbeiterin - nur unterbrochen von ihrer Niederkunft - ein wirtschaftliches Projekt bei der SPD-nahen Friedrich-Ebert-Stiftung. Sie gilt als Fachfrau für Beschäftigungspolitik, gab ein Buch ("Beschäftigungsgesellschaft") heraus und veranstaltete für die Stiftung Vortragsveranstaltungen in den neuen Bundesländern zu Themen, wie Europäische Währungsunion und Industriestandort Deutschland.

Einer, der besonders viel von ihr hält, ist der ehemalige SPD-Arbeitsminister unter Helmut Schmidt, Ehrenberg: "Das ist eine Frau, die von der Sache was versteht."

Für den SPD-Vorsitzenden ist sie eine intellektuelle Squash-Wand: Er probiert an ihr aus, wie zum Beispiel seine Sparvorschläge und Finanzierungsideen an- und wieder zurückkommen. Ein Freund des Ehepaars: "Sie diskutieren viel. Sie ist vielleicht eine Spur zu wissenschaftlich, dafür ist er Vollblutpolitiker."

Wie dem auch sei, die zeitlang in Bonn zu hörende Behauptung, "Oskar" käme so lange mit konkreten Steuerreformplänen nicht über, wie seine Frau noch mit dem Stillen beschäftigt war, trifft nicht zu.

Muß der Gesundheitsminister Arzt sein ?

Das Kabinett
Die Vorherrschaft der Juristen

Abendliche Themenkonferenz in der BILD-Redaktion. Eine Volontärin fragt: "Muß der Gesundheitsminister ein Arzt sein? Überhaupt, was haben unsere Minister beruflich gelernt?" Gute Fragen. Gesundheitsminister Seehofer ist Diplomverwaltungswirt. "Der Minister muß sich um die Gesamtinteressen im Gesundheitswesen kümmern," sagt er. "Es wäre ganz schlecht, wenn ich einer Interessengruppe angehörte." Seehofer ist der 10. Gesundheitsminister in der Geschichte der Bundesrepublik. Noch nie stand dem Amt ein Arzt vor!
Andererseits: Es gab bisher in Bonn 16 Justizminister. Alle waren Juristen. Der jetzige Amtsinhaber, Edzard Schmidt-Jortzig ist es auch. Verteidigungsminister Rühe dagegen hat nicht einmal gedient. Als er auf der Hardthöhe das Kommando übernahm, konnte er einen Hauptfeldwebel nicht von einem Oberstabsfeldwebel unterscheiden. Aber: Landwirtschaftsminister Borchert ist wie seine beiden Vorgänger (Kiechle, Ertl) gelernter Landwirt mit eigenem Hof.
Und der Außenminister? "Der muß nicht Oberkellner gewesen sein, um vier Sprachen zu beherrschen." (Ex-Vizekanzler Mende). Kinkel ist Jurist, machte allerdings von 1974-79 - zunächst als Genschers Büroleiter, dann als Planungschef - ein "Praktikum" im AA. Von 19 Ministern sind 9 Juristen (Bötsch, Bohl, Kanther, Kinkel, Schmidt-Jortzig, Spranger, Waigel, Wissmann, Rüttgers), zwei Volkswirte (Rexrodt, Töpfer); der Soldatenminister ist Lehrer, Arbeitsminister Blüm Doktor der Philosophie, Umweltministerin Merkel Diplom-Physikerin und die Familienministerin Ingeneurin. Auch nach Bötschs Ausscheiden bleiben die Juristen in der Überzahl. Ansonsten: Minister sind wie Butterbrote. Sie fallen gewöhnlich auf die gute Seite.

Kohl verleiht Orden
Zwei Minister blieben "nackt"

Justizminister Schmidt-Jortzig mußte "nackt" durch Bonn laufen - seine Brust schmückte kein Bundesverdienstkreuz. Ein Manko für einen Minister.

Als der Kanzler im Dezember 1996 seine Minister zum traditionellen Weihnachtsessen in den Bungalow einlud, spielte er Weihnachtsmann und bescherte sieben mit dem Bundesverdienstkreuz. Indes, Schmidt-Jortzig, der mit am Tisch saß, ging leer aus. Sein Pech: Er war erst 11 Monate im Amt. Minister bekommen den Orden zwar automatisch (wie ausländische Botschafter), aber erst nach zwei Jahren.

Ordensgeschmückt durften sich dagegen an jenem Abend "high" fühlen vor allem die Streithähne Blüm und Waigel. Sie erhielten das Große Verdienstkreuz mit Stern und Schulterband - also zusätzlich zum am Hals getragenen Kreuz ein 10 cm breites Satinband, das von der rechten Schulter zur linken Hüfte verläuft und an dem der aus vier Strahlenbündel bestehender Stern, ebenfalls in Hüfthöhe, aufgesteckt wird. Sehr majestätisch in der Wirkung, allerdings nur noch zum Frack zu tragen - zum Beispiel auf dem Wiener Opernball. Aber dazu muß man erst einmal eine Einladung haben - etwa von VW-Piëch.

Nicht ganz so prunkvoll, sondern "nur" den Halsorden ohne Schulterband und Stern, erhielten die Minister Merkel, Kanther, Borchert, Rexrodt und Seehofer. Verteidigungsminister Rühe, den der Kanzler auch gern geschmückt hätte, lehnt aus hanseatischer Tradition jegliche Orden ab. Frotzelte Kohl in Anspielung auf Rühes Geburtsort: "Ich wußte nicht, daß Harburg zu Hamburg gehört."

Bei "Orden" fällt dem ehemaligen SPD-Abgeordneten und jetzigen Kieler Oberbürgermeister Gansel (kein Verdienstkreuz) ein Anruf seiner Mutter nach einer hitzigen Fernsehdiskussion auf der NATO-Parlamentarierkonferenz in Istanbul ein. Mutter Gansel: "Junge, dem Russen mit der Brust voller Orden hast Du es aber ordentlich gegeben!" Der "Russe" war der damalige amerikanische NATO-Oberbefehlshaber in Europa, General "Bernie" Rogers.

Fahrradfahren, spazieren, segeln
So geht es Ex-Ministern

Es war abends, stockdunkel und kalt. An der hohen Einzäunung des Bundeshauses gegenüber vom "Langen Eugen" ging ein schmales Tor auf, jemand schob ein Fahrrad raus, grüßte. Ich grüßte zurück, dachte, ein Saaldiener auf dem Heimweg. Dann, o Schreck, erkannte ich ihn: den CSU-Abgeordneten und Ex-Entwicklungshilfeminister Jürgen Warnke. Staatslimousinen gehörten zu seinen Statussymbolen.

"Ich erledige fast alles per Fahrrad. Seitdem geht's mit gesundheitlich hervorragend." - "Bei der Kälte ohne Handschuhe?" Er lachte. "Vergessen", schwang sich auf den Drahtesel und strampelte zu einer Landesvertretung.

Eines Mittags sah ich einen anderen "Gewesenen" mutterseelenallein vor dem Bundeshaus daherschlendern. "Das ist die neue Freiheit", sagte Heinz Riesenhuber, der mit der Fliege, einst Forschungsminister. "Wenn ich früher im Wald mit meiner Tochter spazieren ging, hatte ich zwei Mann Sicherheit voraus, einen hinter mir." Er gründete eine Beratungsfirma, hält Vorlesungen an seiner alten Uni in Frankfurt und kandidiert für den nächsten Bundestag.

Oscar Schneider, Kohls einstigen Bauminister, traf ich auf der Abendeinladung eines Verlegers. Die Wunde, daß er sein Amt an einen nicht kompetente Parteifreund abtreten mußte, ist vernarbt. Er sitzt mittlerweile in 12 Gremien, katalogisiert daheim elektronisch etwa 16 000 Bücher und segelt mit seinem 8,80-Meter-Boot auf dem Brombachsee bei Nürnberg.

Gestern Telefonat mit Dorothee Wilms, vormals Bildungs-, später Innerdeutsche Ministerin. Inzwischen legte sie nach 18 Jahren auch das Abgeordnetenmandat nieder. Verbittert? "Überhaupt nicht." Vier zufriedene Oldtimer.

Hilflos!
Wenn ein ehemaliger Minister einen Unfall baut

Es gab einmal einen Regierungssprecher namens Felix von Eckardt. Als dieser ausschied und eines Tages sein Privatauto in die Werkstatt fahren mußte, fluchte er: "Wenn früher mein Dienstwagen kaputtging, habe ich nur geknurrt: 'Dann besorg' mir eben einen Ersatzwagen aus der Fahrbereitschaft (des Bundespresseamtes).'"

Dem ehemaligen Inspekteur der Luftwaffe, dem Fliegergeneral Johannes Steinhoff, begegnete ich wenige Tage nach der Pensionierung. "Wie geht's General?" "Besch... Ich soll für die 'Zeit' einen Artikel schreiben. Nur wer tippt mit das Manuskript? Früher hatte ich dafür meine Sekretärin."

Letzte Woche ein unbedeutender Auffahrunfall an einer Bonner Kreuzung. Der Fahrer des Wagens, ein stattlicher weißhaariger Herr, dreht sich ratlos im Kreis: Ex-Postminister Stücklen. "Kann ich helfen, Herr Stücklen?" "Nein, danke. Ich warte auf die Polizei." Mein Taxifahrer: "Polizei? An beiden Autos ist doch nichts beschädigt!"

Ex-Verkehrsminister "Schorsch" Leber wundert sich als Selbstfahrer, "wie viele Park- und Halteverbote in meiner Amtszeit verhängt wurden". Ruheständler Eugen Gerstenmaier, weiland Bundestagspräsident, kriegte den Rückwärtsgang nicht mehr rein, als er erstmals sein Auto (nach einem Besuch bei mir zu Haus) selbst chauffieren mußte.

Leider sind diese Vorgänge nicht nur komisch, sondern belegen, wie schnell die Bonner Prominenten den Kontakt zur Wirklichkeit des Alltags verlieren.

Waigel, Dreßler, Lafontaine
Die späten Väter

Nach Waigel (57), Dreßler (55), Schmidbauer (57) - nun auch Oskar Lafontaine (53): das späte Glück, im vorgerückten Alter noch einmal Vater zu werden.

Späte Zeuger sind besonders fürsorgliche Väter, in ihrer Seelenlage fast wie eine zweite Mutter. Als der Finanzminister auf dem Oktoberfest der Bayern in Bonn sah, wie seine Frau Irene dem einjährigen Sohn Konstantin aus einem riesigen Humpen kräftig trinken ließ, protestierte er entsetzt: "Du darfst dem Kind doch kein Bier geben!" "Ja mei, das ist doch Apfelsaft."

"Waigel ist wie verwandelt. Gelassen, fröhlich, aufgeschlossen," registrierte mein BILD-Kollege Dirk Hoeren, der den Finanzminister im Sommer auf einer Berghütte besuchte.

Für dreißigjährige Karrieristen sind Kinder allzu schnell Störenfriede und werden darum den Müttern überlassen. Dagegen Väter in den Fünfzigern bringt der unverhoffte Nachwuchs zur Besinnung. Der SPD-Sozialexperte Dreßler, bereits nach vier Monaten Vaterschaft: "Ich merke, daß es jenseits von Politik auch noch etwas anderes gibt." Er füttert und wickelt seinen kleinen Tim, war mit ihm beim Kinderarzt. "Es ist schlicht und ergreifend schön."

Ein angesehener Mann der Wirtschaft, der mit etwa 60 noch einmal Vaterfreuden erfuhr: "Wenn ich in einer Konferenz sitze, mit gräßlichen Leuten und schwierigen Themen, denke ich: Ihr könnt mich alle mal. Keiner von Euch hat heute morgen mit einem kleinen Sohn im Bett gelegen!"

Den Lebensweg des kleinen Erdenbürgers nicht lange genug mit schützender Hand begleiten zu können, plagt den einen oder anderen Spätvater. Schrieb Bundespräsident Scheel, dem mit 51 eine Tochter geboren wurde, 18 Tage nach der Geburt für sie nieder: "Wie wird die Welt wohl aussehen, Andrea, wenn Du zwanzig bist? Wird sie besser sein? Wird sie friedlicher sein? Wohin wird sich der Aggressionstrieb der Menschen wenden? Das Leben ist ein einziges Risiko."

Theo Waigel: Wie stark ist er wirklich ?

Tut der "Theo" nur so, oder ist er tatsächlich so abgebrüht, daß er über die Rücktrittsforderungen der Opposition nur spottet: "Ich zittere."
Entscheidend ist, von wem die Angriffe kommen. Sind's die 'Sozis', mokiert sich Waigel: "Diese Lumpen. Das Maul aufreißen, aber im Saarland und in Niedersachsen selbst tief in den Schulden stecken." Joschka Fischer und die Seinen sind für ihn "grüne Früchtchen".
Andererseits: Kritik, die von Leuten kommt, die er auf seiner Seite wähnt - etwa die Wiedergabe der Behauptung, daß er mit der Steuerreform den Leuten nun auch noch die letzte Mark aus der Tasche ziehe, hat sofort einen Brief von ihm zur Folge: "... sollten Sie wissen, daß die Steuerreformvorschläge zu einer breiten Entlastung, insbesondere der Arbeitnehmer, führen." Ein bißchen ist ihm da nach acht Jahren Finanzminister der Realitätssinn abhanden gekommen.
Einer, der ihn gut kennt: "Auch die vernichtenden Kommentare der Auslandspresse tun ihm, der auf internationaler Bühne den heimlichen Außenminister spielt, weh". Die 'Financial Times': "Waigels acht Amtsjahre, unterbrochen von Schrotthaufen und Krisen ..."
Solange ihm jedoch Kohl, die Bonner CSU-Spezi Glos und Spranger die Stange halten und vor allem Stoiber und dessen Büchsenspanner nicht aus dem Hinterhalt schießen, wird "Theo" eisern durchhalten. Außerdem: dank seines neuen Familienglücks verfügt der in die Klemme geratene Finanzminister über mehr innere Halt als früher. Das Menschliche spielt in der Politik halt eine große Rolle!
Das galt, im umgekehrten Sinn, auch für die Auseinandersetzung mit dem Bundesbankchef über die Höherbewertung der Goldreserven. Da rächte sich, daß Waigel mit schwäbischer Spottlust gern bei gemeinsamen Ausflügen nach Washington Tietmeyer im Delegationskreis hänselte. Tietmeyer, selbst eine Primadonna, zahlte es ihm nun heim. So ist das Leben.

Menschen und Schicksale

Hergard Rohwedder
So wird mein Mann verhöhnt

Der Anruf kam überraschend. Am Apparat war die Witwe des von der RAF ermordeten ehemaligen Treuhand-Chefs. Mit tränenerstickter Stimme las sie mir einen Artikel aus der ASTA-Zeitschrift "Links vom Schloß" der Uni Münster vor. Überschrift: "Wie ich mal bei der RAF war". Von Holm Friebe. Inhalt: Die Morde an Hanns-Martin Schleyer, Detlev Karsten Rohwedder und Alfred Herrhausen werden als Schulbubenstreiche verniedlich. Kostproben:
"Angefangen hat alles, als wir einmal in der Pause zusammenstanden und alle wirklich überhaupt keine Lust mehr auf Schule hatten... Gudrun schlug vor, uns nach dem zu benennen, was wir statt Schule wirklich machen wollten: Radfahren Abenteuer - Fernsehen. Fanden wir gut, nur ein bißchen lang und die Abkürzung 'RAF' klang auch irgendwie viel besser.
Gemacht wurden Sachen, die uns wirklich wichtig waren. Der dicke Hanns-Martin war ohnehin eine ziemliche Strebersau. Er wurde im Turnmattenraum eingesperrt. Man fand Hanns-Martin am nächsten Vormittag total heiser ... Detlev-Karsten haßten wir, weil er total gut in der Schule war, immer Einsen und Zweien schrieb ... Bei Detlev-Karsten haben wir einmal nachts einen Stein durchs Fenster geschmissen, der ihn sogar am Kopf getroffen hat, weil er wieder mal hinterm Fenster am Schreibtisch über seinen Büchern saß. Das hatten wir zwar nicht gewollt, aber leid tat es uns auch nicht besonders.
Einer andere Sache war die mit Alfred. Seine Eltern hatten total viel Geld und er hatte immer die neusten Sachen, unter anderem ein astreines Zehn-Gang-Rennrad. Einmal morgens hatten wir ein Seil vor der Einfahrt gespannt. Als Alfred auf seinem Rennrad kam, zogen wir das Seil stramm, und er legte sich voll auf die Fresse. Während wir wegrannten, riefen wir: 'Wer das Geld hat, hat die Macht, bis er vom Fahrrad kracht!' Das war noch ganz lustig."

Die Leidenszeit des russischen Oberleutnants Pavel

Es gibt Schicksale, da zerreißt es einem das Herz: Im August 1991 desertierte unter Mitnahme von Frau und Tochter der damals 26jährige russische Oberleutnant Pavel N. in die Bundesrepublik. In Moskau wurde gerade gegen Gorbatschow geputscht, für die sowjetischen Streitkräfte in der Ex-DDR galt höchste Alarmbereitschaft.

"Ich wollte nicht Gefahr laufen, auf Deutsche zu schießen. Ich bin deutscher Abstammung, zu Hause wurde nur Deutsch gesprochen." Außerdem: Wegen seiner hervorragenden Sprachkenntnisse sollte er zur Spionage gezwungen werden, wogegen er sich widersetzte. "Ich wurde gefoltert und in Einzelhaft genommen."

Indes, sowohl seine Anträge auf politisches Asyl wie auf Einbürgerung wurden von den deutschen Behörden mit haarsträubenden Argumenten abgelehnt. Seine antikommunistische Einstellung sei wegen der "zwischenzeitlichen Abkehr der politischen Führung in Moskau vom Kommunismus asylrechtlich unerheblich." (Bundesamt, Nürnberg). Bei Rückkehr nach Rußland würde ihn höchstens(!) eine "Freiheitsentziehung von fünf bis sieben Jahren" erwarten (Auswärtiges Amt).

Fünf Jahre zog sich der Behördenkrieg dahin. Am 7. Mai 1996 wurde ihm und seiner Familie eine einmonatige Ausreisefrist gesetzt. Erst in letzter Minute, unter Einschaltung des zuständigen Ministerpräsidenten, blieb ihm die Abschiebung erspart. Eine bekannte Rußlandkennerin: "Der wäre noch im ersten Jahr im Straflager 'rein zufällig' totgefahren worden". Pavel lebt heute mit deutschem Paß in Thüringen.

Von Beruf Diplomchemiker, hat Pavel - nicht zuletzt dank eines deutschen Stipendiums für Bildende Kunst - umgesattelt und entwirft inzwischen erfolgreich Porzellandekors für eine bekannte Firma. "Ich kann 24 Stunden hintereinander arbeiten." Seine Frau arbeitet in einem Blumengeschäft und beide Töchter gehen in eine deutsche Schule.

Feldpost aus Bosnien
Mit einem Schuß Stolz

Die Post, die auf meinem Schreibtisch landete, schien das Übliche zu sein: Leserbriefe, Einladungen, Rechnungen, Reklame. Aber dann fiel mein Blick auf einen Briefmarkenstempel: "Feldpost"! Also Post von einem im Einsatz, "im Feld stehenden", Soldaten. Den letzten Feldpostbrief hatte ich als junger Verwundeter vor 52 Jahren in einem Reservelazarett erhalten.

Dieser jetzt kam aus Mostar von einem deutschen Offizier. Der Name löste Erinnerung aus: Der Vater Beamter im Bonner Innenministerium, der Sohn noch ein Bub, als ich die Familie häufig besuchte. Vor 9 Jahren stand mir der Knirps von einst plötzlich auf einem Empfang im Pariser Elysée in schmucker Majorsuniform gegenüber. Und nun sein Lebenszeichen aus Bosnien-Herzegowina: "Man hat mich für 6 Monate zur 'Division Multinationale Sud Est' abkommandiert. Ich bin für den Einsatz von zirka 10 000 Soldaten aus 9 Nationen zuständig. Der Stab setzt sich aus Italienern, Spaniern, Franzosen und Deutschen zusammen. Die Sprache ist französisch, während wir an unsere vorgesetzte Kommandobehörde in Englisch melden. Selbst unsere Mannschaftsdienstgrade sprechen besser englisch und französisch als unsere Alliierten...

Unsere Ausrüstung hat sich sehr bewährt, ebenso unsere Ausbildung. Wir müssen uns nicht verstecken. Um unsere Wohn- und Sanitärcontainer beneiden uns die anderen Nationen...

Mostar bietet einen traurigen Anblick. Völlig zerstört, sinnlos, aber gründlich. Überall im Land breiten sich Mafia-ähnliche Strukturen aus, die von uns genau beobachtete werden..."

Und dann bereits die Ankündigung der nächsten militärischen Verwendung: "Ich bin für die Deutsch-Französischen Brigade (in Müllheim bei Freiburg) vorgesehen."

Merke: Bei der Bundeswehr ist Europa längst Wirklichkeit und das Dienen für Europa - mit einem Schuß Stolz - Selbstverständlichkeit.

Helmut Schmidt
Was wurde aus seinen Getreuen?

Neulich brachte der Briefträger eine Ansichtskarte aus Los Angeles. "Lieber Graf Nayhauß, viele Grüße aus L.A.! Ihr Willi Jülich."
Urlaubspost von Helmut Schmidts ehemaligem Cheffahrer! Unvergessen für mich, wie in der Wahlnacht 1976, als Kohl die Macht nur um 699.304 Stimmen verfehlte, Jülich auf der Wahlparty im Kanzleramt ein T-Shirt mit der Aufschrift trug "Unser Helmut ist der Beste". Jetzt fährt er für die Fahrbereitschaft des Kanzleramtes, froh, den Streßjob des Kanzlerfahrers los zu sein.
Letzten Februar mit Kohl in Moskau. Der Sprecher der deutschen Botschaft, Frickhinger, weist uns Journalisten mit leiser Stimme ein. "Können Sie nicht lauter sprechen?", frage ich. "Nein, das habe ich Ihnen schon vor 15 Jahren gesagt!" Richtig. Als Persönlicher bei Helmut Schmidt. Völlig vergessen. Schmidts "Ehemalige" sind inzwischen in alle Winde verstreut.
Gestern mit Klaus Bölling, vormals 'His Master's Voice', telefoniert. Bemerkenswert frische Stimme. Schreibt von Berlin aus regelmäßig Kolumnen für die Münchner 'Abendzeitung' und die 'Berliner Morgenpost', spricht Kommentare für 'Deutschlandradio'.
Planungschef Albrecht Müller betätigt sich in Bonn als Industrieberater. Peter Walter, ebenfalls einmal Persönlicher, ist Bürgermeister von Geesthacht bei Hamburg. Parteireferent Uwe Bluhm, zunächst beim Verband der Cigarettenindustrie untergekommen, frühzeitig verstorben.
Zwei Schmidt-Mitarbeiter brachten es zum Banker: Manfred Schüler bei der Kreditanstalt für Wiederaufbau, Klaus-Dieter Leister bei der Westdeutschen Landesbank, schied später "einvernehmlich" aus, wurde Direktor des Gustav-Stresemann-Instituts für übernationale Bildung und europäische Zusammenarbeit. Manfred Lahnstein sitzt bei Bertelsmann - nach Querelen als Vorstandsmitglied - im Aufsichtsrat.
Vier Getreue blieben bei Schmidt: die Leibwächter Heuer, Millhahn, Seewald und seine Sekretärin seit über 25 Jahren, Marianne Duden.

Hauptmann v. Weizsäcker:
ein ehemaliger Deserteur?

"Lief Ex-Bundespräsident Richard von Weizsäcker während des Krieges wirklich zum Gegner über?", fragten BILD-Leser nach einer Kolumne zur Bundestagsdebatte über Wiedergutmachung für Wehrmachtsdeserteure.

Im Beitrag stand: "Ein Deserteur des Infanterieregiments 9 (Adjutant Richard von Weizsäcker) ließ 1943 an der Wolchowfront seinen Kompaniechef schriftlich wissen: 'Ich habe Sie verlassen, weil es mir bei Ihnen nicht mehr gefällt ...'

Der Kreisverband Lahnstein der Kriegs- und Wehrdienstopfer (VdK) bat um "Quellenmaterial". Ein Anonymus verlangte, Weizsäcker sollte "noch nachträglich standrechtlich erschossen werden".

Endlich Belege für ein bereits zu Weizsäckers Amtszeit kursierendes Gerücht?

Fehlanzeige! Besagter Überläufer im Jahr 1943 war ein 18jähriger einfacher Soldat der 6. Kompanie. Hauptmann v. Weizsäcker dagegen verließ, nach einer Oberschenkelverwundung, seine Einheit in Ostpreußen ordnungsgemäß im April 1945, wenige Wochen vor Kriegsende.

Von seinem letzten Kommandeur, Major Knebel-Doeberitz, per Schiff über Kopenhagen zum Ersatztruppenteil nach Potsdam heimgeschickt.

Blaß und abgemagert traf er dort ein, wurde auf Befehl des Hauptmanns Paul Klasen mit Papieren für einen Genesungsurlaub versehen und traf nach einer sechstägigen, abenteuerlichen Reise und zahlreichen Kontrollen(!) über Prag in Lindau am Bodensee ein, wo er bei seiner verwitweten Schwester auf einem Bauernhof unterkam. Am 20. April besetzten die Franzosen den Ort. Für Weizsäcker war damit der Krieg aus. Alles nachzulesen in "Zwischen Gehorsam und Gewissen" (Lübbe Verlag).

Regelmäßig treffen sich etwa 50 Überlebende des Regiments im pfälzischen St. Martin, organisiert vom ehemaligen Oberjäger (Unteroffizier) Walter Henze aus Salzgitter. "Wie jedes Jahr ist Weizsäcker eingeladen. Wäre er wirklich von der Fahne gegangen, wäre er für die Kameraden längst 'gestorben'".

... und was ist mit den "guten" (anderen) Deutschen?

Als Daniel Goldhagen, Autor des umstrittenen Buches "Hitlers willige Vollstrecker", in Bonn den "Demokratiepreis 1997" erhielt, war die vorangegangene Pressekonferenz - gekommen unter anderen sechs Fernsehteams - gerammelt voll.

Bei der abendlichen Preisverleihung blieb in der Beethovenhalle kein Platz frei. Man sah SPD-Klose, Bonns Oberbürgermeisterin Bärbel Dieckmann, die Grünen Antje Vollmer, Joschka Fischer, Kerstin Müller, den Bürgerrechtler Ullmann und PDS-Gysi.

Als eine Woche davor das Buch "Andere Deutsche unter Hitler" vorgestellt wurde - ein Buch über Deutsche, die Juden vor dem Holocaust retteten und dabei eigenes Leben riskierten, kam ein knappes Dutzend Journalisten, keine TV-Kamera war aufgebaut, und abgesehen vom israelischen Botschafter Primor und AA-Staatsminister Schäfer (FDP), der stellvertretend für Kinkel die Festrede hielt, fehlte die politische Prominenz - wiewohl zum Beispiel Süssmuth, Rau, Biedenkopf und Teufel Einladungen erhielten.

Der "gute" Deutsche aus der NS-Zeit steht halt nicht auf dem Spielplan des Zeitgeist-Theaters.

Nach einer Idee des verstorbenen jüdischen Journalisten Rolf Vogel, Bonn, aber mit neuem Konzept, schrieb über die "anderen" Deutschen (v. Hase & Koehler Verlag) der Essener Journalist Straeten - bewegende Geschichten vom Bauer, der einen Juden Unterschlupf gewährte und dafür im KZ umkam, dem Chefarzt, der 17 verletzte ungarische Jüdinnen operierte und versteckte, dem Anwalt, der durch Unterlagenfälschung 2899 Juden rettet ...

Fast 300 Deutsche haben sogar die Israelis im "Hain der Gerechten" bei der Gedenkstätte "Yad Vashem" namentlich geehrt, darunter Oskar Schindler. Und bei uns? "Warum das lange Schweigen?", fragt die 89jährige Maria Althoff, die große Dame des gleichnamigen Zirkus', die mit ihrem Mann drei Jahre eine jüdische Mutter mit zwei Töchtern und deren desertierten Vater versteckte.

Ja, warum?

106

Verbrechen der Wehrmacht ?
"Schlechte Menschen gab es auf jeder Seite"

Als Hitler im Januar 1933 an die Macht kam, war Peter Hermes 10 Jahre alt. Im folgenden März wurde sein Vater, Andreas Hermes, von den Nazis eingesperrt. Als Zentrumspolitiker (Vorläufer der CDU), ehemaliger Reichstags- und Landtagsabgeordneter sowie Landwirtschafts- und Finanzminister, war er bei den Nazis verhaßt. Er kam wieder frei, mußte aber unter Zurücklassung seiner fünf Kinder nach Kolumbien auswandern.

Sohn Peter wuchs bei einer Tante auf, mußte als 19jähriger in den Krieg ("Innerlich widerstrebend wurde ich auf Hitler vereidigt"), seine beiden Brüder fielen, er selbst kam erst fünf Jahre nach Kriegsende aus russischer Kriegsgefangenschaft ausgemergelt zurück.

Der Vater, der unbedachterweise nach Deutschland zurückgekehrt war und sich dem Widerstand anschloß, wurde wegen Beteiligung am Attentat auf Hitler vom 20. Juli 1944 zum Tode verurteilt.

Wie durch ein Wunder überlebte er, wurde nach dem Krieg Vorsitzender der Ost-CDU, starb 1964. Der Sohn brachte es als Diplomat in Bonn bis zum Staatssekretärin Auswärtigen Amt, lebt heute im Ruhestand. Kürzlich veröffentlichte er seine Erinnerungen "Rückblicke und Einsichten, 1933-1950" (Adenauer-Stiftung, Bonn).

Auszüge: "Weder das deutsche Volk insgesamt noch die deutschen Soldaten insgesamt waren schuldig ... Es war nicht so, daß hier die guten und dort die schlechten Menschen gekämpft haben. Beide gab es auf jeder Seite ... Ich habe vom Holocaust nichts gewußt und davon erst in sowjetischer Kriegsgefangenschaft erfahren ... Konrad Adenauer schrieb seinem in den Krieg ziehenden Sohn Paul, meinem Mitschüler: 'Tue Deine Pflicht, nicht weniger, auch nicht mehr.'... Heinrich Böll hat auf die Frage, warum er als Nazigegner und Pazifist nicht den Mut gehabt habe, den Kriegsdienst zu verweigern, zurückgefragt, ob dies ein nachträglicher Rat zum Selbstmord sein solle?"

Hintergrundgeschichten

Wer brachte Weizsäcker dazu, für Rindfleisch zu werben?

Die doppelseitige Anzeige war in jeder Hinsicht ungewöhnlich. Links im Großformat ein Foto Richard von Weizsäckers, eine wichtige Botschaft scheinbar auf den Lippen. Daneben eine Sprechblase, die Message des Ex-Bundespräsidenten: "Für mich ist Rindfleisch eine Bereicherung unserer Küche. Zur Zeit gibt es aber Fragezeichen." "Keine Sorge, Herr von Weizsäcker", heißt es auf der rechten Seite, " ... Rindfleisch ist nach wie vor gesund und lecker. Es kommt darauf an, das richtige zu kaufen." Dann eine längere Erklärung, warum deutsche Rinder garantiert BSE-frei seien. Schließlich: "Deshalb, Herr von Weizsäcker verdient deutsches Qualitätsrindfleisch weiterhin einen festen Platz auf Ihrem Speisezettel."
Der "Spiegel": Ein magerer Moralist im grauen Flanell als Werbeträger für Saftschnitzel und Rindsrouladen - ist das gaubwürdig?"
Gerade wegen seiner Glaubwürdigkeit pickte sich die Centrale Marketinggesellschaft der Deutschen Agrarwirtschaft (CMA), beraten von Deutschlands größter Werbeagentur BBDO (Kunden Aral, Oetker, SPD), den Bundespräsidenten - zusammen mit den Schauspielern Günter Lamprecht und Barbara Rudnik - aus etwa 40 Prominenten. Text und Foto wurden mit ihm in allen Einzelheiten besprochen, die Anzeige in 14 Zeitschriften mit einer Gesamtauflage von 20,1 Millionen Exemplaren geschaltet. Kosten 1,6 Millionen Mark, davon für Weizsäckers Mitmachen 30.000 Mark als Spende an eine Hilfsorganisation für ehemals Drogenabhängige.
Nun droht die Aktion jedoch einen falschen Drall zu bekommen: "Ritchie" als reiner Feinschmecker, als "populärer Rindfleisch-Liebhaber", wie die Nachrichtenagentur AP schreibt. Das schmeckt ihm nicht. "Ich bin kein besonderer Rindfleisch-Liebhaber. Aber ich möchte dafür eintreten, daß die deutschen Bauern gerecht behandelt werden." Ob das auch rüberkommt?

In der UNO
Deutschland noch immer 'Feindstaat'

BILD-Leser Trapp aus Bad Kissingen stieß auf Verrücktes: "Seit fast 50 Jahren besteht die Charta der Vereinten Nationen. Ebenso lange bestehen die Artikel 53 und 107 der Charta, die Deutschland nach wie vor zum 'Feindstaat' erklären - neben Japan, Italien, Finnland, Rumänien, Bulgarien und Ungarn. Seit der Aufnahme der Bundesrepublik in die UNO wagte es keine Bundesregierung, einen Antrag zur Löschung dieser Artikel zu stellen."

Mit "Feindstaat" sind die Länder gemeint, die im II. Weltkrieg gegen die 52 Staaten kämpften, die die UN-Gründungscharta unterzeichneten. Immerhin, als 1973 der UNO-Beitritt der Bundesrepublik im Bundestag verabschiedet wurde, stimmten 129 Abgeordnete dagegen, unter anderem, "weil wir einen diskriminierenden Status für unser Land nicht hinnehmen werden" (Werner Marx, CDU).

Warum später keine Streichung? Kohls langjähriger außenpolitischer Berater Teltschik: "Für uns galt die Devise: Nur nicht dran rühren, weil uns dann vielleicht jemand mit einem Friedensvertrag gekommen wäre, den wir weder brauchten noch wollten."

Unser langjähriger UNO-Botschafter v. Wechmar: "Ich war 1976-78 einstimmig gewähltes Mitglied des UN-Sicherheitsrates und 1980-81 Präsident der UN-Vollversammlung. Dazu macht man nicht den Vertreter eines wirklichen Feindstaates. Wir betrachten die beiden Artikel als obsolet (veraltet)."

Änderungen in der Charta bedürfen einer Zweidrittel-Mehrheit aller UN-Mitglieder. Es besteht dabei Gefahr, daß automatisch andere Staaten mit einigen Änderungswünschen - zum Beispiel einem ständigen Sitz im Weltsicherheitsrat für Dritte-Welt-Länder - kommen. Kommentar des Auswärtigen Amtes: "Bei dieser Sachlage sieht die Bundesregierung keine Veranlassung, Initiative für eine Streichung der Feindstaaten-Klausel zu ergreifen."

Neuwahlen: Das klappte bisher nur einmal

Ist die Diskussion um vorzeitige Bundestagswahlen wirklich "an den Haaren herbeigezogen und dumm"? (Westerwelle). Warum hat dann Joschka Fischer, ein schlaues Kerlchen mit dem richtigen Riecher, bei der Bundestagsverwaltung ein Gutachten angefordert? Vorgezogene Bundestagswahlen sind verfassungsrechtlich möglich: wenn Kohl zurücktritt (unwahrscheinlich) und der Bundestag sich binnen 14 Tagen nicht auf einen Nachfolger einigt (Art. 63 Grundgesetz). Dann kann Herzog Neuwahlen anordnen; oder wenn der Kanzler die Vertrauensfrage stellt (Art. 68 GG) und Opposition wie Abgeordnete der Koalition (mit Kohls Billigung) nicht für ihn stimmen, so daß er die Mehrheit verfehlt, und der Bundespräsident das Parlament auflösen muß.

Mit diesem Trick erzwang Kohl für 1983 Neuwahlen. Einmal und nie wieder, warnte das Bundesverfassungsgericht, würde es diesen 'Schmu' mitmachen.

Was aber, wenn innerhalb der nächsten Monate enttäuschte oder um ihre Existenz bangende FDP-Abgeordnete im Bundestag zur Opposition überlaufen und ein echtes Patt Neuwahlen erforderlich macht? So kam es 1972 unter Willy Brandt zu Neuwahlen!

Deutsche Botschafter auf Auslandsposten
Statt Frack Panzerweste

Der Diplomatenberuf ist auch nicht mehr, was er einmal war. Früher mit Frack, Champagnerglas und Orden unterwegs, heute begleitet von Bodyguards, Morddrohungen und Todesangst. Jüngstes Beispiel unsere Botschaft in Algier.

Nachdem die algerischen Fundamentalisten deutschen Diplomaten die Todesstrafe ankündigten, weil sie nicht bis zu einer gesetzten Frist das Land verließen, gilt Alarmstufe 1. Die Botschaft wird von BGS-Polizisten und Beamten des Bundeskriminalamtes rund um die Uhr bewacht. Außenminister Kinkel entsandte Sicherheitsexperten nach Algier, um vor Ort prüfen zu lassen, wie der Schutz noch verbessert werden kann. Schon jetzt werden die Mitarbeiter morgens in einem gepanzerten Fahrzeug zur Arbeit, nach dem Dienst auf dieselbe Art nach Hause gefahren. Allein Wohnung oder Haus zu verlassen, ist untersagt, grenzt zudem an Selbstmord. Einkäufe besorgt das algerische Personal.

Trotz dieser widrigen Umstände hat noch keiner um Rückversetzung gebeten. Wie Soldaten fühlen sie sich in die Pflicht genommen. Dafür gibt es monatlich ein paar Hundert Mark Gehaltszuschlag, genannt "Zitterprämie", sowie vorübergehende Ablösung durch Kollegen aus deutschen Vertretungen in angrenzenden Ländern. Nur der Botschafter und sein Stellvertreter müssen ununterbrochen auf Posten bleiben und mit der seelischen Belastung fertig werden.

Wer sich in derartigen Krisensituationen bewährt, kann immerhin hoffen, daß dies seiner Karriere förderlich ist. Der ehemalige deutsche Botschafter im vom Bürgerkrieg heimgesuchten Beirut, Antonius Eitel, der nur um Zentimeter einer Geschoßgarbe entging, die sein Autofenster durchschlug, seinen Fahrer tödlich traf, wurde unser UN-Botschafter in New York

Wie wichtig ist der Atomkoffer wirklich?

Boris Jelzin, gerade frisch am Herzen operiert, noch auf der Intensivstation, bekam den Atomkoffer ans Krankenbett gestellt - hieß es. Die Vorstellung, daß ein Frischoperierter einen Atomschlag auslösen soll ...! Aber gemach, gemach. Das Köfferchen, das die Mächtigen 1. Klasse (Jelzin, Clinton, Chirac...) von denen 2. Klasse (Kohl) abhebt, ist manchem nicht einmal als Statussymbol wert.

Jimmy Carter verbat sich, daß während des Urlaubs auf seiner Erdnußfarm in Plains der Offizier mit dem Atomkoffer in seinem Haus einquartiert werde. Er duldete ihn nicht einmal im Wohnwagen auf dem Farmgelände. Der Mann samt "football" - sogenannt, weil man wie beim American Football das Köfferchen möglichst nie aus der Hand geben soll - mußte sich in einer 15 Kilometer entfernten Ortschaft einquartieren. Vielzu weit , als daß der Präsident einen sowjetischen Atomangriff noch mit einem Gegenschlag hätte kontern können.

Bill Gulley, ehemals unter vier Präsidenten als Chef des Militärbüros im Weißen Haus auch für den Atomkoffer zuständig, fand das ganze System lachhaft: "Der Koffer enthält ein Buch mit verschlüsselten Befehlen (Codes), die, an das Verteidigungsministerium weitergegeben, den nuklearen Gegenschlag auslösen. Nur, wenige Präsidenten wären mit den komplizierten Geheimcodes klargekommen."

Nachts hält sich der "football"-Offizier in einem Kellerbüro des Weißen Hauses auf. Im Alarmfall soll er den amerikanischen Präsidenten in dessen Büro treffen. Gulley: "Aber der Präsident, vorausgesetzt gleich wach, brauchte 10 bis 15 Minuten, um dort einzutreffen."

Ausgerechnet auf einer Südamerikareise Reagans verpaßte der Offizier den Anschluß an die Wagenkolonne des Präsidenten. Ein anderes Mal blieb Reagan im Fahrstuhl hängen, und der Kofferträger stand draußen auf der Treppe.

Was Boris' Atomkoffer angeht - die Russen wollen nur zeigen, was für ein Mordskerl ihr Präsident angeblich sei.

112

Wehrmacht Ausstellung
Das Schweigen der Bonner Politiker

War die Wehrmacht eine "verbrecherische Organisation", "eine Tötungsmaschine Hitlers", wie eine Ausstellung, zum Beispiel in München, beweisen will?

Keiner der Bonner Spitzenpolitiker nimmt dazu Stellung. Nicht Kohl und Waigel, deren einzige Brüder in der Wehrmacht dienten und fielen; nicht Lafontaine, dessen Vater noch in den letzten Kriegstagen im Kugelhagel amerikanischer Panzer sein Leben ließ. Zu heiß das Eisen?

Rühe äußerte sich lediglich in einem Brief an den CDU/CSU-Fraktionsvorsitzenden Dregger, findet besagte Ausstellung "abwegig und historisch nicht belegbar". Nur Politiker ohne Amt, aber mit Wehrmachtserfahrung, bezogen früh öffentlich Position: Dregger, Mende, Weizsäcker ("historisch, moralisch und menschlich nicht aufrechtzuerhalten").

Natürlich gab es Kriegsverbrechen, begangen durch Einzelne und Einheiten. So in einem polnischen Dorf, aus dem ein deutscher Leutnant der Feldgendarmerie 15 junge Männer herausholen und erschießen ließ. "Die haben auf deutsche Soldaten geschossen." Frage eines anderen Offiziers, des Leutnants Bussche (später im Widerstand gegen Hitler): "Woher wissen Sie, daß die Erschossenen Polen waren?" "Ich hab vorher gefragt, wer ist katholisch? Das waren für mich Polen." Mörderische Fehlverhalten eines einzelnen, aber nicht repräsentativ für 18 Millionen deutsche Soldaten!

Neun Tage vor Kriegsende, im bereits besetzten Reutlingen bei Stuttgart, erschossen französische Truppen als Vergeltung für einen, wie sie glaubten, ermordeten Kameraden vier deutsche Geiseln. Die Haager Landkriegsordnung gab ihnen sogar das Recht dazu. Wie auch der Wehrmacht, wenn sie sich im Osten gegen Partisanen zu wehren hatte! Nur in Reutlingen stellte sich hinterher heraus: der Franzose war bei einem Motorradunfall umgekommen.

Der Krieg, die Vergangenheit, war schrecklich. Heute üben deutsche, französische und polnische Soldaten gemeinsam.

Die Deutsche Einheit
Sie machte auch einen Bahnsteig berühmt

Jeder hat eine eigene, ganz persönliche Erinnerung an die Wiedervereinigung. Unvergeßlich für den Kanzler die Nacht zum 3. Oktober vor dem Berliner Reichstag, als im Beisein von über einer halben Million jubelnder Menschen feierlich die schwarz-rot-goldene Fahne gehißt wurde ("Der glücklichste Augenblick meines Lebens"). Für Genscher, als er vom Balkon der deutschen Botschaft in Prag Tausenden von DDR-Flüchtlingen mit bewegter Stimme verkündete: "Ich bin gekommen, um Ihnen mitzuteilen, daß heute Ihre Ausreise ..." Der Rest ging in ohrenbetäubenden Jubel unter.

Und der Parlamentarische Staatssekretär im Innenministerium, Horst Waffenschmidt, wird nie vergessen, wie er genau diese Flüchtlinge im Auftrag des Kanzlers im bayrischen Hof begrüßte: "Die Züge mit den überwiegend jungen Menschen fuhren in den kleinen Bahnhof ein. Sie riefen immer wieder: 'Freiheit, Freiheit, Freiheit!'

Aus dem Dienstzimmer des Bahnhofvorstehers hielt ich ständig Kontakt mir dem Bundeskanzleramt, machte Druck, zum Beispiel, wenn die Züge - ungeheizt, obwohl es schon sehr kalt war - vor der DDR-Grenze aufgehalten wurden. Weil immer mehr Menschen in der DDR aufsprangen, plombierten die DDR-Behörden die Waggontüren. Ich ließ durch den BGS die Plomben sofort nach Eintreffen entfernen.

Die Bahnhofswirtschaft wurde das Hauptquartier Hunderter aus dem In- und Ausland eingetroffener Journalisten, vor allem vieler Fernsehstationen. Live-Interviews vom Bahnsteig 1 wurden bis zur amerikanischen Ostküste ausgestrahlt. Beispielhaft der ehrenamtliche Einsatz der Bevölkerung. Zeitweilig hatten wir tausend Helfer im Einsatz, welche die angekommen Flüchtlinge aus der Prager Botschaft mit warmen Mahlzeiten und Kleidungsstücken versorgten.

Bis zu 50 Stunden ohne Schlaf haben wir gearbeitet. Aber: Die riesige Begeisterung gab uns enorme Kraft."

114

Ein Hauch von Preußen weht auf der Hardthöhe

Die Väter der Bundeswehr wollten keine Komißköppe, sondern Staatsbürger in Uniform mit etwas legerem Äußeren. Darum hieß es nicht mehr wie seit über 200 Jahren preußischen Drills: "Hände an die Hosennaht!", sondern laut Zentraler Dienstvorschrift: "Die Hände sind geschlossen und liegen mit den Handrücken nach außen am Oberschenkel. Die gekrümmten Finger berühren die Handfläche ...".

Das gilt nun nicht mehr für das Bonner Wachbataillon. Dort sind erneut die Hosennähte die Koordinaten des strammstehenden Soldaten. Erstaunlich, was sich aus Zeiten Preußens Gloria wieder bei der Bundeswehr eingeschlichen hat.

Die Uniformjacke, die sich der FDP-Bundestagsabgeordnete und Oberst der Reserve, van Essen, kürzlich maßschneidern ließ, ist ein schmuckes Stückchen heller als die alte. Als Verteidigungsminister Rühe im September für nur drei Tage Israel besuchte, trugen einige begleitende Offiziere Khaki-Uniformen; sein Planungschef, Vizeadmiral Weisser, erschien in schneeweißem Tuch ('Hallo, Steward!'). Die alte Uniformeitelkeit - es gibt sie wieder.

Zählt man alle Änderungen und Einführungen der letzten zwei Jahrzehnte zusammen - nicht alles ist Firlefanz! -, kommt man auf 28 Novitäten: angefangen vom neuen Gefechtshelm, der dem Stahlhelm der Wehrmacht gleicht, über neue Dienstgrade (Oberstabsgefreiter) und Sonderabzeichen ("Führer im Fallschirmjägerspezialeinsatz") bis zum Uniform-Smoking und dem neuen Mützenband für 'Seelords': statt "Bundesmarine" steht dort jetzt "Deutsche Marine".

Bei Auszeichnungen hielt man sich zurück. Man führte lediglich das Ehrenzeichen und die Einsatzmedaille der Bundeswehr ein. Aber höhere Offiziere nutzen prompt die Möglichkeit, sich mit ausländischen Orden zu behängen. So trägt unser Viersterne-General Naumann, zur Zeit bei der NATO, in fünf Reihen zirka 20 Orden auf der Brust. Bei einem Soldaten, der nie im Krieg war, peinlich.

Der Airbus
Es war die Idee von Franz Josef Strauß

Muß sich der europäische Flugzeugkonzern Airbus nach dem Zusammenschluß der amerikanischen Flugzeugbauer Boeing/McDonnell-Douglas fürchten?
Nein. Der Airbus ist selbst eine Erfolgsgeschichte. Helmut Kohl: "Ich gebe zu, ich habe mich geirrt. Ich habe anfangs nicht an einen Erfolg geglaubt. Franz Josef hat recht behalten."
Franz Josef Strauß, der ehemalige CSU-Vorsitzende und bayerische Ministerpräsident, war von der Idee eines europäisches Großraumflugzeugs als Antwort auf die technologische Führungsmacht Amerika besessen. "Wenn wir jetzt nichts unternehmen, hat Europa nichts mehr zu melden," warnte er vor über 25 Jahren und betrieb die Gründung von Airbus.
Strauß machte im vorgerückten Alter von 51 den Pilotenschein, steuerte eine winzige Cessna, sogar bei offiziellen Missionen nach Moskau, Rom und Tirana. Er trug eine Breitling-Pilotenuhr, als sie noch nicht Statussymbol der Schickeria war. Der inzwischen pensionierte Luftwaffen-Oberstleutnant Klaus Wagner von der Bonner Flugbereitschaft spricht noch heute voller Hochachtung: "Er war einer der wenigen Privatpiloten mit Instrumentenflugberechtigung."
Strauß war bis zu seinem Tod 1988 achtzehn Jahre Aufsichtsratsvorsitzender von Airbus Industries. Er versäumte keine Koalitionsrunde in Bonn, wenn es galt, neue Milliarden für das Unternehmen lockerzumachen. "Investitionen in eine Zukunftsindustrie!"
Als der erste Airbus 1974 zum Probeflug startete, besaßen alle europäischen Flugzeugbauer zusammen weltweit einen Marktanteil von unter 10 Prozent. Heute Airbus allein 30 Prozent!
Der Franzose Jean Pierson, Präsident von Airbus Industries: "Die amerikanische Konkurrenz nahm uns anfangs nicht ernst. Ihre Haltung schwankte zwischen Skepsis und Verachtung. Die Gefahr haben sie erst 1985 wirklich erkannt." Also, wer muß wen fürchten?

116

Noch mehr Kohl

Warum sich Kohl und Ehmke plötzlich wieder siezten

Bisher waren der Kanzler und der SPD-Abgeordnete Professor Horst Ehmke per du - "Helle" und "Horst". Dann schrieben sie sich plötzlich frostige Briefe mit der förmlichen Anrede: "Sehr geehrter Herr Bundeskanzler", beziehungsweise; "Sehr geehrter Herr Professor". Mit einer Passage in Ehmkes Lebenserinnerungen ("mittendrin", Rowohlt) begann das Zerwürfnis. Darin hatte Ehmke von einem Gerichtsurteil berichtet, wonach ausgerechnet die der CDU nahestehende Deutschland-Stiftung - Hausblatt das "Deutschland-Magazin" - unter ihrem Vorsitzenden Kurt Ziesel "zu den demokratiefeindlichen Gruppierungen zählen dürfe". Ziesels Versuch, diese Passage gerichtlich verbieten zu lassen, scheiterte.
Ehmke nun einmal in Fahrt gekommen, schrieb, ihm sei bis heute unverständlich, "daß führende Unionspolitiker, Sie selbst eingeschlossen, immer wieder im Deutschland-Magazin geschrieben haben, daß Sie Herrn Ziesel, dessen völkisch-antisemitische Ergüsse aus der Nazi-Zeit hinreichend bekannt sind - zu seinem 75. Geburtstag einen 'angeborenen, ungestümen Sinn für Gerechtigkeit' bescheinigt haben..."
In seiner Antwort bürstete Kohl den Juraprofessor Ehmke ab, ohne allerdings auf die eigentliche Frage einzugehen: "...einem Jurastudenten im ersten Semester würden Sie das nicht durchgehen lassen." Es sei Ehmke unbenommen, "abwegige Ansichten zu vertreten. Ich nehme mir jedoch die Freiheit, diese Ansichten nicht zu teilen."
Schrieb Ehmke zurück, "obwohl das Niveau Ihres Antwortbriefes vom 19. September nicht dazu einlädt, möchte ich meinen Wunsch wiederholen, Ihr Verhältnis zur Deutschland-Stiftung und deren spiritus rector (gemeint: leitender Geist) Kurt Ziesel einmal erklärt zu bekommen... Es dient nicht der Gemeinsamkeit der Demokraten, wenn Sie meinen Wunsch nach einer Erklärung mit bloßer Polemik abtun.".
Die Erklärung bekam er nie. Aber man duzt sich wieder.

Zeitungsleser Kohl
Die Fußballergebnisse sind ihm wichtig

Als das Düsseldorfer Handelsblatt, die führende deutsche Wirtschaftszeitung (Auflage zu jenem Zeitpunkt 135 000) auf dem Bonner Petersberg sein 50jähriges Bestehen feierte, erschien der Kanzler als Gastredner. Warum? Nicht bei jeder Zeitung tritt er als Geburtstagsredner auf!
Erstens: Er nutzte die Chance, vor rund 400 hochkarätigen Gästen, darunter Bundesbankchef Tietmeyer und DGB-Chef Schulte, noch einmal deutlich zu machen, daß das (später allerdings sehr dürftig ausgefallene) Spar- und Beschäftigungsprogramm der Regierung "Chefsache" ist.
Zweitens gibt es eine traditionelle Bindung zum "Handelsblatt": Jeweils zum Jahreswechsel erscheint dort ein Helmut Kohl-Artikel.
Wie ist sein Verhältnis zu anderen Zeitungen?
Er liest täglich die "Neue Zürcher Zeitung", die "FAZ" und sein Heimatblatt, die in Ludwigshafen erscheinende "Rheinpfalz"; letztere hauptsächlich wegen der Fußballergebnisse und der Todesanzeigen. Ansonsten bekommt er im Laufe des Tages mehrmals ausgesuchte Agenturmeldungen hereingereicht.
Komplettiert wird die Unterrichtung durch den täglichen Pressevortrag seines Medienkontaktmannes, Fritzenkötter. Hierbei erfährt er auch, was in BILD steht. BILD und FAZ sind Redaktionen, denen er bereits Redaktionsbesuche abstattete. Bei der "Südwest Presse", Ulm, war es 1994 ein Besuch, der speziell dem Chefredakteur Wildermuth galt
Wiewohl die "Süddeutsche Zeitung" nicht häufig seiner Meinung ist, gibt es eine Verbindung zu deren Chefredakteur Kilz. Die Herren kennen sich seit 1970, als Kilz junger Redakteur bei der "Mainzer Allgemeinen" und Kohl junger Ministerpräsident in Mainz war. Kohl pflegt Beziehungen zu Journalisten, unabhängig von den Zeitungen, die sie vertreten. Im November erschien er überraschend auf der Abschiedsparty des Bonner Korrespondenten der "Westdeutschen Allgemeinen", Zirngibl. Eine Auszeichnung, die bis dahin nicht einmal der UNO in New York zuteil wurde.

Kohl und die Gewerkschaften
Mit Randale geht nichts

Wenn Helmut Kohl nicht will, dann will er nicht. In den über 15 Jahren seiner Kanzlerschaft ist er noch nie dem Druck der Straße gewichen! 1983 demonstrierten im Bonner Hofgarten über 300.000 Anhänger der Friedensbewegung gegen die von Kohl verfochtene Stationierung amerikanischer Pershing II-Raketen und Marschflugkörper in der Bundesrepublik (NATO-Doppelbeschluß). Der Kanzler: "Als ich vom Hubschrauber aus die riesige Menschenmenge sah, stimmte mich das zwar nachdenklich, brachte mich aber von meinem Entschluß nicht ab."

1993 blockierten rund 8 000 Demonstranten Bundestag und Kanzleramt als Protest gegen die geplante Verschärfung des Asylrechts. Abgeordnete mußten per Hubschrauber oder Boot ins Parlament gelotst werden. Ein Lesbenblock drohte mit Entmannung! Kohl: "Diese Chaoten draußen kämpfen nicht für ein Recht, sondern gegen das Parlament." Das Gesetz trat in Kraft.

Einmal, beim Verlassen des Berliner Reichstags, verfehlt ihn nur knapp eine aus einer Gruppe protestierender Studenten geworfene Cola-Flasche. Der Kanzler packt den Werfer "Warum tun Sie das?" Der Angesprochene verlegen: "Ich wollte Sie gar nicht treffen."

Oder: Wahlkampf in den neuen Bundesländern: In Wernigerode johlen Randalierer "Kanzler verrecke!", halten ein Transparent hoch 'Helmut - wo Du gehst und stehst, soll es Scheiße regnen'. Kohl, die Hände in den Hosentaschen: "Mich stört das überhaupt nicht." Als ihn in Halle Leibwächter mit einem Schirm vor heranfliegenden Eiern schützen wollen, fauchte er: "Laßt doch den Schirm weg, verdammt noch mal!"

Als er 1993 ein weiteres Mal nach Halle kommt und wieder Eier fliegen, stieß er wutentbrannt mit Fäusten nach den Störern, bis seine Bodyguards ihn zurückrissen.

Merke: Man muß nicht mit seiner Politik einverstanden sein, aber ein "Feigling", wie ihn in Bonn demonstrierende Bergarbeiter schimpften, ist der 260-Pfünder garantiert nicht.

Kohl und Mitterrand
Das war eine seltsame Männerfreundschaft

Der zierliche Franzose (172 cm) und der bullige Deutsche (192 cm) - sie waren ein Paar voller Gegensätzlichkeiten, dennoch um Gleichschritt bemüht. Mitterrands Vater Essigfabrikant, Kohls Steueroberssekretär. Ersterer 51 Jahre mit der gelernten Buchbinderin Danielle, geborene Gouze, verheiratet, letzterer seit 1960 mit der Fremdsprachen-Korrespondentin Hannelore, geborene Renner. Spitzname des einen "Birne", des anderen "ton-ton" (Onkel). Kohl, Jahrgang 1930, mit der "Gnade der späten Geburt" versehen, dagegen sein Vater als Hauptmann d.R. 1940 gegen die Franzosen im Einsatz. Auf der anderen Frontseite der 23jährige Oberfeldwebel François Mitterrand, der aus deutscher Kriegsgefangenschaft ausbricht, in dessen Körper bis zuletzt ein deutscher Granatsplitter steckte.

Mitterrand, Jurist, "homme de lettre", schreibt Bücher (z.B. "Spreu und Weizen"), Kohl, Historiker, leiht sich Bücher bei der Bundeshausbibliothek aus. Der Mann aus dem Elysée ist Präsident, aber Sozialist, der Mann vom Rhein "nur" Kanzler und ein "Schwarzer". Gemeinsamkeiten: katholisch, Prostata-Operation, konservatives Denken, gut essen und trinken, jeder zwei Söhne, eine Schwester und der Wunsch, als Schöpfer eines vereinten Europa in die Geschichte einzugehen. Mitterrand: "Aber ich bin für die Gemeinschaft der zwölf", Kohl: "Ich möchte auch die Polen, Ungarn, Tschechen, Skandinavier, Schweizer und Österreicher dabeihaben." Mitterrands Sündenregister gegenüber Deutschland: daß er noch im Dezember 1989 mit einem Blitzbesuch bei SED-Modrow die Wiedervereinigung zu bremsen versuchte. Kohl trotzdem: "Sicherheitshalber verbeuge ich mich vor der Trikolore zweimal."

Was Helmut Kohl und Ernst Jünger verbindet

Große Ehrung für einen deutschen Schriftsteller: Trotz Sturm und Schnee - und darum mit einstündiger Verspätung eingetroffen - gratulierten Bundespräsident und Kanzler im württembergischen Wilfingen Ernst Jünger zum 100. Geburtstag. Eine oberschwäbische Blaskapelle spielte auf, und im nahegelegenen Hotel Kleber-Post gab es für rund 160 Gäste einen Geburtstagsschmaus (Tomatenessenz, Täuble und Caramelcreme). Herzog anerkennend zum Jubilar: "Sie brauchen weder Stock noch Brille."
Und was fasziniert Kohl an Jünger?
Seit er Bücher liest ("Ich bin seit meiner Schülerzeit eine ausgesprochene Leseratte") und vor allem Jüngers Epos über die Leiden des Soldaten im I. Weltkrieg ("Stahlgewitter") in die Hand bekam, verehrt er den Schriftsteller. Vor allem, Kohl verstand plötzlich, was sein Vater Hans, der in jener Zeit wegen Tapferkeit zum Leutnant befördert worden war, durchgemacht hatte.
Als Oppositionsführer im Bundestag schrieb Kohl anläßlich der Verleihung des Goethe-Preises der Stadt Frankfurt an Jünger: "Sie verkörpern kompromißlos Menschlichkeit und haben auch deshalb die Erfahrungen von Anfeindungen und Verleumdungen machen müssen." Eine Anspielung auf den Vorwurf, Jünger habe mit "Stahlgewitter" den Krieg verherrlicht. Kohl: "Wie könnte man den Krieg verherrlichen, wenn man siebenmal verwundet wurde?"
Als sich Kohl und Mitterrand 1984 auf den Schlachtfeldern von Verdun mit einer symbolischen Versöhnungsgeste die Hand reichten, war Jünger - vom Kanzler mitgenommen - dabei. 1985 und 1993 besuchten Kohl und Mitterrand den Schriftsteller in Wilfingen ("Wir sprachen über den Aufstand vom 20. Juli gegen Hitler"). Jünger hatte damals als Hauptmann in Paris Kontakt zum Widerstand.
Was Kohl und Jünger, abgesehen vom gleichen Sternzeichen (Widder), verbindet, ist das Eintreten für die deutsch-französische Freundschaft. Kohl: "Sie waren schon immer davon überzeugt, daß die beiden Länder einander zu ergänzen verstehen."
Beide fühlen und denken als Europäer.

Alle sparen - und der Kanzler?

Haushaltsdebatte im Bundestag! Die Fetzen fliegen. Aber merkwürdig: Es geht nur um die große Politik. Keiner macht sich die Mühe, zu überprüfen, ob Kohl im Kanzleramt mit gutem Beispiel vorangeht und spart?

Er sowie seine Minister Bohl, Pfeifer und Schmidbauer verzichten zwar auf eine Gehaltserhöhung, bekommen 1998 dieselben Bezüge wie 1997 zusammen 1,18 Millionen Mark. Andererseits läßt sich der Kanzler nichts an seinen beiden Spesenfonds (zusammen 895.000 DM) abzwacken. Auch seine Kasse für Auslandsreisen, einschließlich Staatsbesuchen, (1 Mio. DM) und für Inlandsreisen, einschließlich die seiner Mitarbeiter (525.000 DM), bleiben ungekürzt.

Wird irgendwo der Riemen enger geschnallt?

Bei den Beamtenbezügen (- 50 000 DM), bei der Ausstattung der Verwaltung (- 60 000 DM) und bei Baumaßnahmen (- 192 000 DM). Ausgaben für freiberufliche Übersetzer und Dolmetscher, Vergütungen für Reisen in Personalvertretungsangelegenheiten und Abgeltungen für Copyrights entfallen ganz.

Diesen Einsparungen stehen allerdings bei anderen Posten Ausgabenerhöhungen entgegen: Löhne für Arbeiter, Vergütungen für Angestellte, Trennungsgeld/Umzugskosten, Grundstücksunterhalt, Datenverarbeitung; Post, Telefon, TV, Gerichtskosten, verschiedene, kleinere Verwaltungsausgaben.

Unter dem Strich ist der Kanzler kein unbedingtes Sparvorbild. Einschließlich des Bundespresseamtes (+ 1,7 Mio. DM), das ihm auch untersteht, aber ohne den Bundesnachrichtendienst, will seine Behörde 1998 547,8 Millionen DM ausgeben. Das sind 9,86 Millionen DM mehr als im Vorjahr.

Kohl - von Wirtschaft keine Ahnung?

Wirtschaftsrunde beim Kanzler im Bungalow. Etwa 12 Personen, alle an einem Tisch, es gibt nur ein Tellergericht mit Nachspeise. Die Herren sollen arbeiten - die Rekordarbeitslosigkeit bremsen und den Wirtschaftsstandort Deutschland retten. Wer berät eigentlich den studierten Historiker Kohl in einer solchen Wirtschaftsrunde?

Graf Lambsdorff erinnert im 'Spiegel' an die Ermordung des Deutsche Bank-Chefs Herrhausen 1989 durch die RAF: "Damit hatte Kohl einen kompetenten Wirtschaftsmann verloren, auf den zu hören, er geneigt war. Jetzt ist da niemand mehr."

Er hat fachkundige Beamte: mit zunehmenden Gehör den Abteilungsleiter im Kanzleramt, Ministerialdirektor Sighardt Nehring (früher Wirtschaftsministerium). Aber wo ist der Ratgeber aus der Wirtschaft?

Den vielleicht häufigsten Kontakt hat Kohl zur Zeit mit Siemens-Chef von Pierer. Dieser begleitete ihn wiederholt auf Auslandsreisen, sitzt in diversen Beratergremien (Technologierat, Asien-Pazifik-Ausschuß) und schrieb für den Regierungschef auch schon mal Überlegungen zum Thema auf "Warum sind Innovationen (Veränderungen) notwendig?" Aber die Beziehung ist nicht so eng, daß sich die Herren duzen, was bei Herrhausen der Fall war.

Ratschläge kommen auch von Bahnchef Ludewig, einst im Kanzleramt der Vorgänger von Nehring, dann dank Kohl Staatssekretär im Wirtschaftsministerium.

Die Meinung von Ex-Kaufhof-Chef Odewald ist nicht mehr so gefragt, die vom ehemaligen Aufsichtsratsvorsitzenden der Telekom, Leister, dagegen noch. An Erfahrungen amerikanischer Banker und Unternehmer ist der Kanzler immer interessiert. Früher saß er - am liebsten in Strickjacke und mit einem Weinglas - mit Detlev Rohwedder (SPD) zusammen; schon als dieser noch Hoesch-Vorsitzender war.

Alle Gesprächspartner machen indes dieselbe Erfahrung: Was immer man dem Kanzler rät, letztlich entscheidet er politisch. Und das entspricht nicht immer den Vorstellungen der Wirtschaft.

Skandale und Skandälchen

Promis und Alkohol
Mancher muß in Bonn "trockengelegt" werden

Mit einem Urteil über Harald Juhnkes Alkoholexzesse sind Politiker flink. "Im Suff kommt ja nur heraus, was ein Mensch schon vorher im Kopf hatte" (Antje Vollmer). Aber schaut nicht mancher von ihnen selber zu tief ins Glas?

Ein prominentes Bonner Kabinettsmitglied krabbelte schon mal auf allen Vieren aus einem bekannten Lokal. Im Urlaub wird der Minister von seiner Frau regelmäßig "trockengelegt".

Der CDU-Abgeordnete Lummer wurde mit 1,96 Promille hinter dem Steuer erwischt. Der FDP Abgeordnete Detlef Kleinert mußte sich bei einer Bundestagsdebatte vom Parlamentspräsidenten den Tadel gefallen lassen: "Am Rednerpult des Deutschen Bundestages hat man so nüchtern zu sein wie am Steuer eines Autos."

Willy Brandt hieß nicht von ungefähr in seinen besten Berliner Zeiten "Willy Weinbrand". Björn Engholm (SPD), Ministerpräsident von Schleswig-Holstein, war nach eigener Angabe "voll"; mithin nicht mehr wahrnehmungsfähig, als er das erste Mal von den schmutzigen Geschäften im Zusammenhang mit der Barschelaffäre erfuhr.

Helmut Rohde, Bildungsminister unter Schmidt, wurde nach einem Kneipenbesuch (0,9 Promille) auf der Adenauerallee überfahren. Theodor Heuß, der erste Bundespräsident, brauchte für das Schreiben einer besonders guten Rede drei Flaschen Kaiserstühler Rotwein.

CSU-Politiker liegen vorn auf der Alkohol-Unfallstatistik: Franz Heubel (2,3 Promille), Otto Wiesheu (1,3), F. X. Bundschuh (1,5). Franz Josef Strauß riß bei einer "Saufarie" (Augstein) mit 'Spiegel'-Redakteuren Witze über Juden und "Neger"!

Sexvorwürfe gegen Minister
Gab es schon zu Adenauers Zeiten

Verdächtigungen gegenüber Bonner Prominenten, homosexuell zu sein - wie in Dresden im Fall des ehemaligen sächsischen Innenministers Eggert - hat es immer gegeben (Affäre Kießling!). Meistens sind es die Damen der Bonner Gesellschaft, die mit flinker Zunge das Gerücht in Umlauf setzen, Minister 'X' oder der Abgeordnete 'Y' seien vom anderen Ufer ("Das spürt man doch als Frau").

Als dem ersten Nachkriegskanzler, Konrad Adenauer, ein derartiges Gerücht über seinen Außenminister Heinrich von Brentano zugetragen wurde, konterte der damals Sechsundachtzigjährige: "Bei mir hat er es noch nicht versucht." Damit war die Sache aus der Welt.

Ein erwiesener Fall - damals noch strafbarer Homosexualität - passierte 1961. Der Wehrbeauftragten des Bundestages, Generalleutnant a.D. Helmuth von Grolmann (62), Sproß einer alten preußischen Soldaten- und Juristenfamilie, verheiratet, erwachsene Kinder, aber unter der Woche abends einsam in Bonn, entwickelte eine intime Zuneigung zu einem ranken, blonden 17jährigen Kellnerlehrling, den er im Hotel-Restaurant "La Roche" kennengelernt hatte.

Auf Grund von Tagebuchaufzeichnungen des jungen Mannes, die in fremde Hände gerieten, wurde die Staatsanwaltschaft aktiv. Damals galt noch der von den Nazis eingeführte Paragraph 175a, der jedem "Mann über 21 Jahren, der eine männliche Person unter 21 Jahren verführt...", Zuchthaus "bis zu zehn Jahren..." androhte. Als der Fall publik wurde, versuchten Grolmann und der Kellnerjüngling vergeblich, sich das Leben zu nehmen. Nach ihrer Rettung unterschrieb der Wehrbeauftragte ein ihm von Bundeshausjuristen diktiertes Rücktrittsgesuch. Anschließend steckten Ärzte den Unglücksraben in die Psychiatrische Klinik.

Otto Schily
Als Romanfigur im Berliner Milieu

Es geschieht nicht alle Tage, daß ein Bonner Politiker eine Roman-
figur abgibt. Der stellvertretende Vorsitzende der SPD-Bundestagsfraktion, Otto Schily, hat es jetzt geschafft. In dem Roman "
Sommersucht" (edition ferency) von Raimund le Viseur, der das
Berlin der Sechzigerjahre mit viel Milieu faszinierend beschreibt,
taucht Schily auf einer Fête als "Paul" auf:
"Es kam noch so ein Jurist, ein Kumpel, von Arne (dem
Gastgeber), Vorname Paul, so einer mit Mittelscheitel. Der bumst
alles, was sich bewegt. Der hat da auch mitgetrunken. Wir waren
alle schon ganz zu. Und dann war er plötzlich weg. Riccarda auch
(der Arne gerade vor allen Gästen einen Heiratsantrag gemacht
hatte).
Arne hat ja so 'ne Nase. Er hat sie gesucht und gefunden, beide in
der Garage. Sie saßen in dem MG-Sportwagen, und Riccarda saß
auf Paul drauf und war ganz aufgelöst. Der Arne ist ganz leise
weggegangen, hat sich 'ne Flasche Wermut geschnappt und, die
Beine im Pool, ausgetrunken.
Riccarda ist wieder aufgetaucht, das Wollkleidchen war völlig
zerknittert. Arne hat sie genommen und ins Wasser geschmissen.
Kein Geschrei, kein Geschimpfe.
Als Paul auftauchte, hat Arne ihn umarmt und gesagt: 'Ich danke
Dir!' (weil Arne eigentlich frei von alten Gesellschaftsmustern
leben will). Riccarda ist heulend ins Haus. Arne und Paul haben
noch bis in den Morgen unter einem Baum gesessen und alles
ausgesoffen, was an Resten in den Gläsern und Flaschen war, auch
wenn Kippen drin schwammen...
Was ist Paul denn so für ein Typ?
Ein brillanter Kopf, intellektuell Spitze, politisch von messerschar-
fem Durchblick. Der kann noch mal eine völlig neue Partei
anführen."

Süssmuth-Affäre
Warum verzögert die Präsidentin die Klärung?

Was ist in diesem Winterurlaub 1996/97 - zum Beispiel in Tirol, wo ich gerade ein paar Tage Ski laufe - abends bei Obstler und Speckknödel unter Deutschen das politische Thema Nr.1? Immer noch die Süssmuth-Affäre!

"Die Schreinemakers der Politik!" "Abschaffen sollte man die ganze Flugbereitschaft!" "Wenn sogar der Papst Auslandsreisen mit Alitalia macht, warum der Kanzler nicht mit Lufthansa?" Volkes Zorn schwillt nicht ab. Die Bundestagsabgeordneten, zwischen und nach den Feiertagen in ihren Wahlkreisen, werden es zu hören bekommen. Auch diskutiert: Warum hielt Frau Präsidentin, wo sie sich doch im Recht wähnt, nicht sofort nach Bekanntwerden der Vorwürfe eine Pressekonferenz ab, statt die Klärung bis Mitte Januar auf die lange Bank zu schieben?

Da fließt vieles zusammen: Ein Pressereferent, der erst seit ein paar Monaten auf diesem Stuhl sitzt. Fakten, die eben doch gegen sie sprechen (Zürich-Flug mit der Luftwaffe zur Promotionsfeier der Tochter); vor allem aber ein Anspruchsdenken, das sich einstellt, wenn man 8 Jahre im Amt ist.

Als Frau Süssmuth im Frühjahr zu offiziellem Besuch nach Südafrika flog, beklagte sie, daß ihr nur eine ältere Luftwaffen-Boeing 707 zur Verfügung stand und nicht einer der beiden für 50 Millionen Mark zur VIP-Version umgebauten Airbusse. Diese Maschinen waren gerade anderweitig im Einsatz.

Weiter: Mit fast schon regelmäßiger, manchmal stundenlanger Verspätung trifft die Bundestagspräsidentin an der startklaren Luftwaffenmaschine ein - was mitunter den zivilen Flugverkehr durcheinanderbringt und Geld kostet. Aber es ist ja nicht das eigene.

Wer zu jeder Zeit an jeden Punkt der Erde gratis mit einem Regierungsflugzeug fliegen kann, zudem mit Diplomatenpaß und ohne Zollkontrolle, der verliert leicht die Maßstäbe!

Unsitte I
Partout mit der Luftwaffe zu fliegen

Eines hat die Süssmuth-Affäre wenigstens bewirkt: Der Kanzler will die Richtlinien für die Benutzung von Luftwaffenmaschinen durch die Politiker strenger gefaßt wissen. Das tut fürwahr Not. Warum mußte zum Beispiel Kanzleramtschef Bohl am 24. Juni 1995 zum DFB-Pokal-Endspiel mit der Luftwaffe nach Berlin fliegen? Natürlich als Vertreter der Bundesregierung, aber warum nicht mit "Linie"? Oder Seiters, damals noch Innenminister, am 10.2.92 mit einer Militärmaschine zurück von den Olympischen Spielen in Albertville! Und Rita Süssmuth am 20.3.96 nach einer Wahlkampfveranstaltung (Benutzung von Regierungsmaschinen für Parteizwecke!) von Stuttgart nach Bonn! Wofür haben Abgeordnete, also auch Minister und die Bundestagspräsidentin, eine Bundesbahn-Freifahrkarte 1. Klasse?
Zu einem der Berliner Pressebälle flog die Bonner Prominenz in vier Luftwaffenmaschinen an! Jeder für sich: Bundespräsident, Kanzler, Außenminister, Bundeswehr-Generalinspekteur. Wo bleibt die Koordination? Zusammenrücken ist möglich: Zur Beerdigung von Israels Premierminister Rabin benutzten gemeinsam eine Maschine Herzog, Kohl, Kinkel, Scharping, Rau, Bubis, Joschka Fischer und andere.
Und da ist noch die kostspielige Unart, bei Rückflügen mit der "Rühe-Airline" für jeden Fluggast einen gesonderten Landeplatz zum Aussteigen anzufliegen, selbst wenn die Plätze nahe beieinanderliegen. Sogar dann, wenn Feiertag ist, und es sich um einen kleinen Regionalflughafen handelt, der dann nur für die Luftwaffe offengehalten werden muß!
Daß die Sozialdemokraten im Fall Süssmuth ihre Oppositionsrolle verdrängte, überrascht nicht. Als selbst noch an der Macht, flog Willy Brandt - längst nicht mehr Kanzler - sogar zu internationalen Sozialistentreffen mit dem Eisernen Kreuz am Flugzeugrumpf.

Unsitte II
Geburtstage auf Parteikosten zu feiern

Die Unsitte, sich auf Kosten ihrer Partei einen Geburtstagsempfang für tausend und mehr Personen ausrichten zu lassen, ist unter Politikern weit verbreitet. Rau (SPD) zum 65., Kinkel (FDP) zum Sechzigsten. Wie kann man sich nur so wichtig nehmen?

"Ich bin doch nur Objekt," entschuldigte sich Genscher, dessen Siebzigster auf dem Petersberg ebenfalls mit einer Big Party gefeiert wurde. Kein Mensch muß müssen. Als Kohl 65 wurde, beließ er es bei einem Abendessen im Kanzlerbungalow für 80 Freunde und Mitstreiter. Das macht Sinn, hat Stil.

Als hätte es nie eine Vielfliegeraffäre gegeben, wurde auch Rita Süssmuths Sechzigster im Adenauer-Haus ebenfalls mit über 1000 Gästen gefeiert. Nach der Würdigung ihrer zweifellos vorhandenen Verdienste - Frauengleichstellung, Familienpolitik, Aidsbekämpfung - Zuspruch der Redner, "nicht die innere Gelassenheit zu verlieren" (Schäuble), das "Auf und Ab der Schlagzeilen" (Kohl) einfach hinzunehmen!

Die Prominenz klatschte - Bohl, Hintze, Seiters, Teufel, Borchert, Genscher, Rexrodt, Rau, Thierse, Klose, Stücklen, Geiger. Dann sprach die Gefeierte, adrett frisiert: "Ich habe überhaupt keine Vorstellung vom Pensionsalter... Ich möchte weiter schaffen." Kein entschuldigendes Eingehen auf die Vielfliegerei, allenfalls: "Es war mit mir nicht immer leicht." So einfach ist das.

Sie lobte das Kammermusik-Ensemble aus dem thüringischen Suhl, das ihr zu Ehren Mozart und Dvorak spielte. Kein Wort darüber, das den braven Musikern seit 7 Monaten mangels Geldes gekündigt ist. Der Unterschied zwischen Schein und Wirklichkeit. Wie diese ganze Veranstaltung.

Am Abend durfte sie als Gastgeberin für den in Bonn weilenden jordanischen König fungieren. Mit Ehemann. "Rita" wieder ganz oben? Etwas wird hängen bleiben.

Bonner Dienstreisen
Wer zahlt für die mitreisende Ehefrau?

Dürfen Bonner Politiker nach Belieben auf Steuerzahlerkosten ihre Frauen mit auf Dienstreise nehmen? Der Fall des Landwirtschafts- ministers Borchert wirft diese Frage auf. Antwort: Abgeordnete grundsätzlich nicht. Für die Frauen des Bundespräsidenten, Kanzlers, von Ministern und Staatssekretären gibt es der Möglichkeiten mehrere.

Der Entwicklungshilfeminister zum Beispiel verrechnet die Mit- nahme über einen Zuschuß des Finanzministers. Der hat ein Sondertöpfchen mit 1,5 Millionen Mark (1996), zu finden im Haus- haltseinzelplan 60, Titel 529038. Zweckbestimmung: "Außerge- wöhnlicher Aufwand von Beauftragten, Delegationen und Dienst- stellen der Bundesregierung Deutschland im dienstlichen Verkehr mit dem Ausland ... Die Ausgaben sind einzeln zu belegen. Aus den Belegen muß die dienstliche Veranlassung zumindest aus den An- gaben der Funktion der Teilnehmer erkennbar sein."

Andere Minister rechnen die Mitnahme ihrer Ehefrau über den normalen Reisekostenetat des Amtes ab. Allerdings muß in allen Fällen eine persönliche Einladung des Gastlandes für die bessere Hälfte vorliegen. Was kein unüberwindliches Hindernis ist. Mancher deutsche Botschafter bewährte sich als erfolgreicher Einladungsbeschaffer ("Mein Minister hätte gerne seiner Frau Ihr schönes Land gezeigt"). Gelegentlich wird von vornherein mit Damen eingeladen - bei informellen Treffen der EU-Außenminster (zum Beispiel auf Usedom) oder NATO-Ratstagungen (wie in Berlin).

Das Mitreisen ist nicht immer reines Vergnügen. Christiane Herzog brachte vom Staatsbesuch in Brasilien eine Hepatitis mit!

Teuer wird eine Reise ohne dienstlichen Grund. Als Hannelore Kohl 1991 Hals über Kopf mit einem Bundeswehrflugzeug nach Italien ans Krankenbett ihres schwer verunglückten Sohnes Peter flog, mußte ihr Mann dafür 70.000 Mark zahlen. Kohl: "Aus versteuertem Einkom- men!" Er erhielt nicht mal den Rabatt, den Journalisten bei Mitflug in Regierungsmaschinen bekommen (70% des vollen, nicht verbilligten Lufthansa-Economytarifs).

Moral
Waren Politiker früher anständiger?

Konrad Adenauer, der erste Nachkriegs-Bundeskanzler (1949-63), wurde während seiner Regierungszeit von einer Affäre eingeholt, die sich noch in seiner Zeit als Kölner Oberbürgermeister (1917-1933) abspielte. Er hatte sich in Spekulationsgeschäfte mit Aktien eingelassen, viel Geld verloren, so daß sein Bankkonto ein dickes Minus auswies.

Ein wohlmeinender Gönner liehen ihm daraufhin ein größeres Aktienpaket, damit das Konto pro forma ausgeglichen war. Dieses Aktienpaket gab er nie zurück, mit der Begründung, es sei ihm geschenkt worden!

Sein langjähriger Büroleiter im Kanzleramt, ein Ministerialrat Kilb, fuhr einen schnittigen SL 190-Sportwagen, den ihm Mercedes-Stuttgart als Leihwagen überlassen hatte - ohne Leihgebühren, ohne Rückgabetermin. Kilb saß 15 Wochen in Untersuchungshaft. Sein Chef Adenauer, als Zeuge von der Staatsanwaltschaft vernommen, entlastete ihn. Der Vorzimmermann ging straffrei aus, wurde zum Aufbau einer Hauspolizei zur Euratom nach Brüssel versetzt.

Kein Politiker war in so viele Affären verwickelt, wie Franz Josef Strauß. Einem "Onkel Aloys" aus der Familie seiner Frau verhalf er zu Millionen-Geschäften in der Rüstung. Seinetwegen gab es mehrere parlamentarische Untersuchungsausschüsse ("Fibag", "Lockheed"), jedesmal waren Millionen im Spiel. Adenauer: "Wenn einem die Affären so nachlaufen wie dem Herrn Strauß, da muß wat dran sein." 1962 mußte "Franz Josef" als Verteidigungsminister zurücktreten. Nicht wegen seiner Missetaten ('Spiegel'-Affäre), sondern weil er das Parlament belog. Wie später auch Schleswig-Holsteins SPD-Ministerpräsident Engholm.

Berlin- Umzug
Ein Provinzbeamter will freiwillig, aber darf nicht

In Bonn fehlt es hinten und vorne an Geld. Trotzdem soll den etwa 7000 Bediensteten, die den Umzug nach Berlin mitmachen, das "Opfer" vergoldet werden - mit Zuschüssen bis zu 140000 Mark pro Nase.

Das erzürnte den 56jährigen Regierungsamtmann Karl R., seit mehr als 30 Jahren bei einer nachgeordneten Bundesbehörde in Norddeutschland beschäftigt: "Wir Beamten aus der Provinz würden uns ohne die unglaublichen Vergünstigungen in Berlin an die Arbeit machen."

Bereits im Frühjahr 1994 schrieb er an Kanthers Innenministerium. Er wurde an eine geplante zentrale Bonner "Personalbörse" verwiesen. Nur, die gab es bis dahin nicht! Daraufhin wandte er sich an den Umzugsbeauftragten der Bundesregierung, Bauminister Töpfer. Ein Dr. Schönemann antwortete: "Ich stelle Ihnen anheim, sich zu einem späteren Zeitpunkt erneut zu bewerben."

Der umzugswillige Regierungsamtmann ließ nicht locker, teilte - inzwischen war ein Jahr verstrichen - Kanzleramtsminister Bohl seine Einsatzbereitschaft mit, bekam wiederum hinhaltenden Bescheid: "Ihr Interesse ist begrüßenswert..., über die personalwirtschaftliche Gesamtkonzeption des Umzugs sind noch nicht alle notwendigen Entscheidungen gefallen."

Karl R., der bereits beim Aufbau in den neuen Bundesländern geholfen hat, schrieb noch einmal an das Töpfer-Ministerium und bekam wieder nur Nebel zurückgeblasen: "Leider muß ich Ihnen mitteilen, daß sich nicht absehen läßt, wann eine freie Stelle zur Verfügung stehen wird." Hintergrund: Statt Errichtung einer zentralen Vermittlung verteidigten die Ministerien eifersüchtig ihre Personalbestände.

Karl R.: "Ich hab' inzwischen das Gefühl, die in Bonn lachen mich aus und sagen sich: 'Was will der Blödmann eigentlich?'"

Als Kolumnist in Bonn

Kinkels Anruf in der Küche

Das Telefon klingelte in meiner Küche. "Hier Kinkel!", tönt es aus dem Hörer. Der Außenminister entschuldigt sich: "Stören Sie sich nicht an Hintergrundgeräuschen. Ich telefoniere von der Regierungsbank."
Direktverbindung von der Regierungsbank in meine Küche. Irre!
"Sie wollten mich sprechen," fährt er fort, " ich schlage vor..."
Eine halbe Stunde später in seiner Panzerlimousine, Richtung Flughafen: Zwei Telefone bimmeln, er donnert in die Apparate: "Ich bin jetzt nicht zu sprechen!" Trotzdem, sein Gesicht ist gebräunt, wirkt erholt. "Ich kann mich wieder voll auf die Außenpolitik konzentrieren. Das Parteiamt hatte mich runtergezogen. Was glauben Sie, was ich da an Parallelen bei Scharping sehe!"
Ich komme zur Sache: "Am Montag war der OB von Petersburg, Sobtschak, bei Ihnen; Dienstag der Präsident des Russischen Föderationsrates, Schumejko; gestern Staatspräsident und Außenminister von Moldau; morgen sind Sie bei einer Preisverleihung an den polnischen Außenminister Bartoszewski. Sie führen heikle Verhandlungen mit Prag (Entschädigung von tschechischen NS-Opfern, Rehabilitierung der Sudetendeutschen)... Ist das Kinkels neue Ostpolitik?"
"Mit der Deutschen Einheit ist uns ein großes zusätzliches Glück widerfahren: die ehemalige DDR wurde automatisch Mitglied in der EU und der NATO. Die anderen Ostblockländer aber stehen vor der Tür. Da fließt uns eine besondere Verantwortung zu, deren Anwalt in Brüssel zu sein, zumal das alles Länder sind, denen wir einmal großes Leid beifügten."
Beim Aussteigen ruft er mir zu: "Forsa und Emnid melden in ihren Umfragen, daß ich auf dem Prominenten-Barometer fünf Punkte nach oben geklettert bin!" Damit hatte er auch noch Rühe abgehängt.

Mit Kinkel und Fallschirm über Sarajewo

"Haben Sie Lust, mit Kinkel nach Sarajewo zu fliegen?", fragte das Auswärtige Amt an. "Die Mitreise erfolgt auf eigene Gefahr." Was soll's, einverstanden.

Letzte Einweisung auf dem italienischen Flughafen Falconara, südöstlich von Rimini. Luftwaffenhauptmann Heinichen erklärt den Gebrauch der Splitterschutzwesten: "Die müssen auch in Sarajewo getragen werden." Kinkel: "Über oder unter dem Mantel? Wir wollen nicht komisch aussehen."

Dann zeigt der Hauptmann auf unsere Fallschirme: "An diesem Griff im Notfall ziehen. Während sie herunterschweben, können Sie sich die schöne Gegend ansehen oder über Ihre Sünden nachdenken."

Der Außenminister: "Ich dachte, das macht nur der Möllemann."

Wir starten. Mit uns die CDU-Bundestagsabgeordnete Rönsch, will gesammelte Hilfsgüter überreichen; Bundesbahnchef Dürr will den Wiederaufbau der Eisenbahn in Bosnien unterstützen. Und Kinkel will "Licht zu Weihnachten in die Wohnungen Sarajewos bringen". In seinem Beisein soll ein neues 110 kV Stromkabel eingeweiht werden - ein deutsch-holländisches Hilfsprojekt, das der geschundenen Stadt wieder Licht in alle Stadtteile bringt (deutscher Anteil 13 Millionen Mark). Der Minister will außerdem das Kosovo-Hospital besuchen, für das er im Januar die Patenschaft übernahm, will mit der Spitze Bosniens politische Gespräche führen und eine internationale Pressekonferenz abhalten.

Wir sitzen in einer 24 Jahre alten Transall C-160, längsseits aufgereiht wie Fallschirmspringer; Kinkel, mit Kopfhörern, im Cockpit hinter den Piloten. Starkes Schneetreiben setzt ein, Sicht nur noch 1500 Meter. Plötzlich kurz über dem Ziel entscheidet sich der Kommandant zum Umdrehen. "Risiko nicht vertretbar." Enttäuschung in Kinkels Gesicht. Jemand ruft: "Möllemann wäre abgesprungen."

Schwacher Trost für Kinkel: Fast zur selben Zeit kann Rühe wegen schlechten Wetters nicht bei den deutschen Tornados im italienischen Piacenza landen.

134

Wie mich Genscher für einen Terroristen hielt

Gestern Festakt "125 Jahre Auswärtiges Amt". Der Bundes-präsident spricht, Kinkel spitzt den Mund - ich denke an meine Erlebnisse in fast 40 Jahren mit dem AA. Zum Beispiel: bin mit Amtschef Genscher morgens um 6 Uhr (!) in seinem Privathaus zum Interview verabredet. Will gerade klingeln, geht die Tür auf - "Genshman" im Pyjama, Haar zerzaust -, mein Fotograf "blitzt", er knallt die Tür zu. Hatte die Verabredung vergessen, hielt uns für Terroristen!

Oder Frühstück mit ihm im Amt. Neben seiner Serviette ein schwarzes Kästchen, Größe Zigarettenschachtel, mit rotem und grünem Knopf. Die Tür öffnet sich, eine Sekretärin fragt ehrerbietig: "Ja, bitte?" Genscher: "Schon gut", drückt Grün. Der Persönliche Referent erscheint. "Sie hatten gerufen, Herr Minister." "Ich wollte dem Grafen nur mal zeigen, wie das funktioniert." Die Spielzeuge der Mächtigen.

Mit vielen Diplomaten verbindet mich eine Geschichte - etwa mit Claus Sönken, später Generalkonsul in Miami, einst im Minister-büro unter Brandt. Vermittelte eine Home Story: "Familienleben bei den Brandts." Ich bringe Fotografen, Angelgerät, Forellen, Grillzeugs mit. Es beginnt zu regnen, nichts brennt, die Fische stinken, Brandt stampft wütend ab in den Kottenforst. Rut Brandt ruft vergebens hinterher: "Willy, bleib hier!"

Früher - keine Grenzschutzkontrollen am Amtseingang. Easy come, easy go, essen in der Diplomatenkantine, dabei jede Menge Infos. Nur vom Pressechef Karl-Günther von Hase drohte der Raus-schmiß. Zur Weiberfastnacht feierten wir - Diplomaten, Sekre-tärinnen, Journalisten, Putzfrauen - die schönsten Feste. Letztere drangen einmal mit "Alaaf"-Gebrüll in das Büro des Ministe-rialdirigenten von Trütschler. "Biste jeck, jetzt noch wirken?" und schmissen seine Schreibtischpapiere aus dem Fenster!

Nicht ist mehr wie früher.

Mit Stallwächter Glos im "Kindergarten"

Weil er meinte, ich könnte mich im zur Zeit ausgestorbenen Bonn langweilen, hatte er gestern zum Mittagessen eingeladen. "13 Uhr im Kindergarten," hatte seine Sekretärin gesagt und das Bundeshausrestaurant mit seiner bunten Deckenbemalung gemeint.

Michael Glos, CSU-Landesgruppen-Chef, trug grauen Flanell, hellblaues Hemd und eine moderne Breitling, so wuchtig wie ein Kompaß. "Die Uhr hat mir meine Familie zum 50. geschenkt." Mir fiel ein, Helmut Kohl hatte auf der Geburtstagsfête vor vier Wochen unter großem Gelächter Glos höchstes Kungeltalent bescheinigt: "Wenn der in den Bart mauschelt, dann ist das der Moment, wo man über den Tisch gezogen wird." Stimmt, nur daß der so Beschriebene keinen Bart trägt, dafür aber einen politischen Riecher hat.

Als die Weizsäcker-Nachfolge noch völlig offen war, guckte Glos bereits Roman Herzog aus, warb ihn als Redner für eine CSU-Klausurtagung in Bad Kreuth. Herzog, auch ein Schlitzohr, spürte, daß er nicht nur als "Festsau" gebraucht wurde. "Ich weiß schon, wenn der Kohl keinen findet..."

Auf einer anderen Kreuther Tagung hatte Glos wieder einen Überraschungsgast parat: Den früheren Jelzin-Vertrauten, inzwischen heftigen Kritiker, Jegor Gaidar. Ist er der nächste Russen-Präsident?

Was bringt Kreuth sonst? Seitenhiebe auf die FDP? Glos zerteilt genüßlich den gekochten Salm auf Blattspinat. "Wenn jemand am Boden liegt, putzt man sich nicht die Schuhe an ihm." Große Koalition? "Die CSU müßte bescheuert sein. Dann hätten wir keine Sperrminorität mehr. Zur Zeit geht doch nichts ohne uns."

Glos' Aufstieg ist imponierend: vom Müllerssohn zum - nach Waigel - zweitmächtigsten CSU-Politiker in Bonn! Er: "Es ist gut für den Wirt, wenn er auch mal als Aushilfskellner gearbeitet hat."

"Bitte zahlen," sagt er, nun ganz Gastgeber. Wir trinken den Rest unseres französischen Rotweins.

Streitfall Deserteure
Eine persönliche Anmerkung zur Debatte

Gestern debattierte der Bundestag über die Rehabilitierung und Entschädigung ehemaliger Wehrmachtsdeserteure. Ohne Ergebnis. Strittig bleibt vorerst, ob alle pauschal Wiedergutmachung erfahren sollen, oder jeder Fall einzeln zu prüfen ist. Ich erinnerte mich meiner eigenen Erfahrungen als 18jähriger Kriegsteilnehmer. September 1944, Schlacht um Arnheim. Größte Luftlandeoperation des II. Weltkrieges. Erbitterte Straßenkämpfe. Am dritten Tag desertiert unter Mitnahme des Verbandskastens der einzige Sanitäter unserer Kompanie. Er läßt Verwundete zurück, darunter zwei gefangene Engländer mit Bauchschüssen. Er soll nun - so er überlebte - eine Ehrenerklärung des Bundestages und Entschädigung bekommen? Grünensprecher Joschka Fischer ungerührt: "Da hätte die ganze Kompanie desertieren müssen!" Ein Realo mit ausgeprägter Realitätsferne.

An der Front gab es Zwänge, denen sich nicht einmal Angehörige des Widerstandes entziehen konnten. So kehrte Oberfähnrich Peter Hermes (30 Jahre später AA-Staatssekretär unter Genscher) wieder an die Front zurück, obwohl sein Vater wegen Beteiligung am Aufstand vom 20. Juli 1944 zum Tode verurteilten worden war, und der Sohn ihn in Berlin noch einmal besuchen durfte. "Ich hatte die Rückkehr an die Front meinen Kameraden versprochen."

Es gab auch Fahnenflucht, die Respekt verdient. Wie die des Ludwig Baumann, der 1942 in Frankreich desertierte, weil er sich mit beobachteten Greueltaten nicht identifizieren wollte. Erwischt, Todesurteil, in 12 Jahre Zuchthaus umgewandelt, fortan vorbestraft. Ein verpfuschtes Leben.

Andererseits: Ein Deserteur des Infanterieregiments 9 ließ 1943 an der Wolchowfront seinen Kompaniechef schriftlich wissen: "Ich habe Sie verlassen, weil es mir bei Ihnen nicht mehr gefällt. Bei den Russen brauche ich keine Verpflegung mehr zu holen, keine Wache zu schieben und keinen Schnee zu schippen...". Es gab so'ne und solche. Sie lassen sich nicht über einen Kamm scheren.

Ich bin bereits im Haus der Geschichte verewigt

Haus der Geschichte. Bonns Attraktion. 6.980 qm Ausstellungs-
fläche, 116 Millionen Mark Baukosten. Gezeigt wird unsere Vergangenheit seit 1945. Kohls Idee, in 12 Jahren realisiert. "Eine solche Einrichtung trägt dem gewachsenen Bedürfnis vieler Menschen
nach Begegnung mit der eigenen Herkunft und Geschichte
Rechnung."

Ich sehe mich selbst verewigt: auf dem historischen Foto von der
Begegnung Kohl-Gorbatschow Juli 1990 im Kaukasus. Die Staats-
lenker sitzen auf Gestühl aus Baumstämmen, die Deutsche Einheit
perfekt machend. Ich kiebitze lachend ihren Begleitern über die
Schultern.

Beim Rundgang im Haus der Geschichte tauche ich tiefer in die
Vergangenheit ein. Kriegstrümmer, darüber ein NS-Kriegsplakat.
Es zeigt den Tod auf einem britischen Bomber reitend. Darüber die
Warnung: "Verdunkeln! Der Feind sieht Dein Licht!" Obwohl wir
immer schön die Fenster verhingen, wurde unsere Berliner
Wohnung im September 1943 von einer Luftmine halbiert.

Fotos von "Trümmerfrauen", Frauen mit Heimkehrern aus Kriegsgefangenschaft und einem Mädchen mit einem amerikanischen
Besatzungssoldaten. Mir fällt Sergeant Jones ein, der mir in Berlin
meine erste große Liebe ausspannte. Er hatte einfach mehr Power
auf dem Schwarzmarkt. Ein US-Army-Jeep ist ausgestellt. Mein
erster Führerschein war ein amerikanischer Militärführerschein, alldieweil Dolmetscher bei den Amis.

Zeitungsartikel mit der Währungsreform 1948. Jeder durfte nur 40
"Reichsmark" in D-Mark umtauschen! Von Existenzangst getrieben
verkaufte ich am Potsdamer Platz meine Lederaktentasche an einen
sowjetischen Offizier.

Nächste Abteilung. Da steht Adenauers Salonwagen, mit dem er
nach Moskau reiste und Bundestagswahlkämpfe bestritt (Ich war
inzwischen 'Spiegel'-Korrespondent in Bonn). Im Speiseabteil gab
er Interviews. Sein staksiges Deutsch war für uns eine Quelle re-
spektloser Erheiterung. - Ein 1976er Wahlkampfplakat mit einem
jugendlichen Kohl. Da setzte er sich noch zu uns in den Pressebus.

Als Überraschungsgast bei Thomas Gottschalk

Vorgestern als Überraschungsgast bei Gottschalks "LATE NIGHT". Überrascht werden soll "Edi" Ackermann, 18 Jahre Kohls Medien-Watchdog. Im Schminkraum taucht Gottschalk auf: Baseballkappe, weite Hose mit Stars & Stripes-Muster, weißer Strickpullover, Joggingschuhe. Freut sich diebisch: "Ackermann ahnt nichts."
Ich werde außerhalb der Bühne hinter einer roten Tür in Stellung gebracht. Zirkusathmosphäre: Kabel, Holzbalken, Typen mit Zopf, Jeans und Cowboystiefel. Drinnen Tusch, Gottschalk läßt Ackermann aus einem aufregenden Leben plaudern: "In New York Jackie Kennedy bei einer Essenseinladung getroffen. Vor aufregender Bewunderung Fisch gegessen, was ich nie im Leben tat ... Kohl tritt 1998 nicht mehr an, aber Gerhard Schröder ... Mit Hannelore Kohl hatte ich einen sehr guten Kontakt." "Aber kein Verhältnis?" "Nein, wo denken Sie hin?"
Dann schrillt eine Glocke. Der Entertainer der Nation reißt die rote Tür auf, ich trete auf die Bühne: Scheinwerfer, Musik, Applaus. Ackermann, baff: "Wo kommst Du denn her? Schiebt eine Anekdote nach: "Der Maini (ich hasse die Verniedlichungsform meines Vornamens) hat sich beim ersten Kohl-Besuch im Kreml ins Zimmer der Nummer 1 der Sowjetunion geschmuggelt." Ich: "Reinkommen ist allemal leicht, aber nicht wieder rausfliegen schwer!" Verrate Trick 17, den ich in Gorbatschows Kaukasus-Datscha anwandte: "Bin auf Gorbi einfach zu, habe gefragt: `Wie geht es Ihrer Mutter'" Lacher, Applaus.
Nach der Show trinken wir einen Absacker. Bruder Leichtfuß Gottschalk zeigt seine ernste Seite: "Warum kommt keiner mehr in unserer schnellebigen Zeit zum Bücherlesen, zu handgeschriebenen Briefen mit gefühlvollen Anreden?"
Auf der Heimfahrt im Taxi überkommen Ackermann Gewissensbisse: "Hoffentlich ist Hannelore Kohl nicht verärgert." Sorgen eines Gentleman.

Mit Töpfer auf Berlin-Tour

Ich erwarte Klaus Töpfer, damals Kohls Generalquartiermeister für den Berlin-Umzug, im Staatsratsgebäude am Berliner Schloßplatz, Honeckers ehemaligem Amtssitz. Noch immer DDR-Geruch in den Räumen.

Töpfer will zeigen, daß einem pünktlichen Umzug von Parlament und Regierung nach der Sommerpause 1999 nichts im Wege steht. Mit wehendem Mantel stürmt er, gebräunt vom Weihnachtsurlaub, herein. "Seitdem der Kanzler sich entschieden hat, hier provisorisch einzuziehen, bis der Neubau für sein Amt am Spreebogen fertig ist, rollt der Zug."

Wir touren in seinem Wagen fast drei Stunden. Erster Stop das künftige Auswärtige Amt, die ehemalige Reichsbank. Kinkel, so er dann noch Minister ist, bekommt 6,20 m hohe Räume. Weiter, Preußisches Herrenhaus - ein spätbarocker Palast, wo der Bundesrat einzieht. Noch wird saniert, "aber als ich das erste Mal hier war, lag der Kriegsschutt herum" (Töpfer).

Auf der Baustelle des Reichstages schaffen 250 Arbeiter, davon 50 nachts. Generatoren summen, Rufe erschallen, bläuliches Schweißlicht flackert. "Wir können bei bis zu minus 5 Grad Beton mischen," sagt der Baustellenleiter. Richtfest August/September. Töpfer: "Das wird zum 23. Mai 1999 fertig!"

Wir besichtigen die ehemalige Generalstaatsanwaltschaft, das Ex-Kombinat "Polygraph", das verflossene Justizministerium... - Gebäude, die bereits größtenteils renoviert, beheizt, bezugsfertig und zu Fuß vom Reichstag erreichbar sind. "Es stehen genug Büroräume für Übergangszeiten zur Verfügung, ohne daß wir etwas dazumieten müßten," triumphiert Töpfer.

"Und wenn sich nach verlorener Bundestagswahl die Opposition ins gemachte Nest setzt?"

Töpfer schluckt: "Das ist die einzige Bemerkung des Nachmittags, die mir nicht gefällt."

Warum 'stern'-Chef Nannen meinetwegen einmal gefeuert wurde

Der Tod des legendären 'stern'-Chefredakteurs Henri Nannen weckt persönliche Erinnerungen. Ich war der erste, von ihm selbst angeheuerte, Bonner Korrespondent des Blattes (1958-60).
Unser Debüt: In einer groß aufgemachten Enthüllung "Wer schützt uns vorm Verfassungsschutz?" deckten wir Mißstände auf: mit Kripo-Ausweisen operierende Verfassungsschützer, Beschäftigung ehemaliger SS-Angehöriger, illegal verwendete Gelder usw... Innenminister und Verfassungsschutzpräsident stellten Strafantrag wegen Beleidigung, erwirkten gegen die Auslieferung des 'stern' in letzter Minute eine Einstweilige Verfügung.
Die Verleger Gerd Bucerius (CDU) und Richard Gruner waren verreist. Daher versuchte der Gerichtsvollzieher, die Einstweilige Verfügung dem Chefredakteur zu präsentieren. Nannen und ich, der Autor des Artikels, versteckten uns in der Hamburger Privatwohnung der Bucerius-Sekretärin. Mit einer abgedunkelten Nachttischlampe auf dem Fußboden hockend. 800 000 Mark standen auf dem Spiel. Wir fürchteten aber auch das plötzliche Aufkreuzen des Geliebten der Sekretärin - des Bundestagsvizepräsidenten Carlo Schmid (SPD). Nach Mitternacht stahlen wir uns aus dem Haus, wissend, die Auflage war ausgeliefert.
Bucerius blieb genervt, verlangte bei allen Manuskripten politischen Inhalts künftig vor Drucklegung Einsicht. Nannen weigerte sich, griff den Innenminister (Gerhard Schröder) in einem Leitartikel erneut an und handelte sich wegen einer Unrichtigkeit eine Gegendarstellung ein. Prompt feuerte Bucerius seinen berühmten Chefredakteur.
Tief deprimiert lag Nannen in seinem Arbeitszimmer, bei zugezogenen Vorhängen, auf einem schwarzen, mit Goldfäden durchwirkten Sofa. "Was soll aus mir werden? Kein anderer Verleger nimmt mich." "Zehn Prozent, und ich vermittle Sie sofort," entgegnete ich keck. Aber ehe ich aktiv werden konnte und für den Rest meines Lebens nicht mehr hätte arbeiten müssen, nahm der Verleger die Kündigung zurück.

Zehn Tage Knast für 'Spiegel'-Augstein
Und ich war schuld

Heute feiert der SPIEGEL im Bonner Haus der Geschichte sein 50jähriges Bestehen. Über 800 Gäste, Reden von Hamburgs Bürgermeister Voscherau, Rudolf Augstein und Roman Herzog (Der Präsident über Scheckbuchjournalismus?).

Zusagen auch von Rita Süssmuth, den Ministerpräsidenten Schröder und Biedenkopf, 12 Bundesministern, vielen Abgeordneten und Prominenz jedweder Couleur (Weizsäcker, Schulte, Zwickel, Beitz, Neukirchen...). Ebenso dabei Kohls Medienreferent Fritzenkötter, der dem Herausgeber des Nachrichtenmagazins noch im Oktober einen "unverschämten" Brief (Augstein) schrieb.

Auch ich bin eingeladen, wiewohl ich dem 'Spiegel'-Herausgeber viel Unangenehmeres zufügte.

Es geschah im Zusammenhang mit der "Spiegel-Affäre" 1962 - tatsächlich ein Franz Josef Strauß-Skandal, als führende Redakteure des Blattes wegen Landesverratsverdachts in Untersuchungshaft kamen. Gefahndet wurde nach Informanten im Regierungsapparat, die dem SPIEGEL gesteckt hatten, daß die Bundeswehr damals nur "bedingt abwehrbereit" war.

Weil die Kollegen dicht hielten, ließ man sie bald wieder frei - bis auf Augstein. Dem präsentierten die vernehmenden Beamten Spesenabrechnungen, die Jahre zuvor der damalige Bonner 'Spiegel'-Korrespondent Mainhardt Graf Nayhauß bei der Bewirtung hochrangiger Beamten gemacht, deren Namen er aber - in weiser Voraussicht - zu deren Schutz getürkt hatte. Die Fahnder versuchten, die Klarnamen aus Augstein herauszuquetschen. Aber der konnte sie gar nicht wissen.

Nayhauß selbst - nicht mehr beim 'Spiegel' - war auf Weltreise, für die Fahnder unerreichbar, schickte aus San Francisco eine freche Ansichtskarte. Als er schließlich heimkehrte, bekam er von Augstein zu hören: "Maini, deinetwegen habe ich 10 Tage länger gesessen!"

Vor mir stand Willy Brandt - als norwegischer Major

Wir begegneten uns das erste Mal zwei Jahre nach Kriegsende im völlig ausgebombten Berlin. Er trug norwegische Majorsuniform, war Presseattaché an der Militärmission, ich Volontär bei den "Nachrichten für Außenhandel". Wir trafen uns jede Woche, tauschten Zeitungen und Meinungen aus. Sein Büro, schmal wie ein Handtuch. Ich mußte mich vorbei an Pudel "Blacky", Wand und Stuhllehne seiner Sekretärin quetschen. Das blonde, hübsche Mädchen wurde kurz darauf seine Frau: Rut Brandt.

Später, er war wieder Deutscher und SPD-Politiker, saßen wir oft in seinem kleinen Haus am Berliner Halensee bei Kerzenlicht (Stromsperren!). Immer wiederkehrendes Thema: Was wird aus Deutschland? Daß 'Willy' Kanzler werden, Deutschland zur drittmächtigsten Industrienation aufsteigen würde, so etwas träumten wir nicht einmal.

Als die Bundestagswahl 1969 anstand - die Christdemokraten hatten nach 20jähriger Herrschaft abgewirtschaftet, Brandt war inzwischen SPD-Vorsitzender -, half ich ihm bei der Erstellung einer Wahlkampf-Illustrierten. Er war schwierig, trollte sich einfach in den Bonner Kottenforst, statt sich fotografieren zu lassen. Rut Brandt rief ihm hinterher: "Willy, komm' zurück. Die tun das für dich!"

Als er 1969 Kanzler wurde, begleitete ich ihn auf Auslandsreisen, machte mit ihm viele Interviews. Rut Brandt sorgte dafür, daß die Verbindung nie abriß. Als er sich 1980 scheiden ließ, zerbröselte auch unsere Beziehung. Er sagte einen Festvortrag im Hause Springer ab, weil er sich durch eine Kolumne von mir gekränkt fühlte. Dabei lag es mir fern, ihn zu verletzen. Aber so spielt das Leben.

Geschichten mit "Hotte" Ehmke

Am Anfang meiner langjährigen Freundschaft mit dem SPD-Politiker Horst Ehmke stand ein Gespräch im Kanzleramt, wo er seinerzeit unter Willy Brandt Chef war. Das Thema heikel: Ehmke - noch verheiratet - hatte eine 25jährige Freundin, Maria Hlavácová, eine Tschechin. Dürfte ausgerechnet der Kanzleramtsminister, zuständig für die Geheimdienste, ein Gspusi mit einer Dame aus dem kommunistischen Osten haben?

Ehmke, mit meinem Wissen konfrontiert, schaltete schnell: "Ich bin dabei, meine familiären Verhältnisse zu ordnen. Meine beiden Töchter stehen gerade im Abitur. Wenn Sie jetzt nichts veröffentlichen, kriegen Sie nachher das erste Exklusivinterview mit mir und Maria."

Beide Seiten hielten sich an die Absprache. Es entstand eine schöne Reportage mit einem großartigen Aufmacherfoto: Die neue, junge Frau Ehmke wie hingehaucht auf einem Bootssteg am Starnberger See. Im Interview: "Bei Horst habe ich erst einmal die alten, viel zu weiten Hosen aussortiert."

Die Hosen wurden modisch, die Zeit verging, Silberhochzeit wurde gefeiert und "Hottes" Siebzigster im Bonner "Weinhaus Maternus". Mit Entenbraten, französischem Rotwein und 10 Freunden, darunter meine Frau und ich. Der Gefeierte, inzwischen bis auf seine Rolle als stellvertretender Vorsitzender einer Kommission für Außen- und Sicherheitspolitik beim SPD-Parteivorstand ohne Ämter, mischt hinter den Kulissen weiter mit. Aber: "Ich bin in Sorge um unser Land."

Wie sorglos und lustig dagegen die Zeiten, als er vor über 30 Jahren als Justiz-Staatssekretär in Bonn begann. "Da lernte ich im ersten Karneval ein schnuckliges Mädchen kennen. Als ich ihr Avancen machte, verhielt sie sich merkwürdig spröde. 'Was ist los, Mädchen? Heute Nacht oder nie!' 'Ich kann nicht.' 'Warum denn nicht?' 'Herr Professor, ich bin vom Verfassungsschutz.'"

Sogar im Urlaub ließ mich Bonn nicht los

Der Versuch des Kolumnisten, während des dreiwöchigen Urlaubs die Bonner Politik zu vergessen, war vergebens.

Beispiel: Mitten während der schwindelerregenden Bergfahrt in einem gelben Eisenkorb auf den höchsten Berg Elbas, klingelte das Handy: "Hier Radio 100,6 Berlin. Wir hätten Sie gern zum Thema interviewt: 'Wer hat in Bonn das Zeug zum Minister?'"

Ich: "Wissen Sie überhaupt, wo ich bin?" "Nein."

Als ich meinen Schwebezustand beschreibe, bekommt der Anrufer einen Lachanfall. Ob ich nicht trotzdem?

"Nein, danke. Im Moment ist mir völlig piepe, wer Minister ist oder vielleicht wird."

Auf der Spitze des Monte Capanne (1019 m) angekommen, klingelte es wieder. Diesmal war es Genscher aus Berchtesgaden! Zunächst ging es um den Interviewwunsch einer Kollegin, dann um die Bonner Geschehnisse. Wir waren uns einig: "Ein Tollhaus!"

Nachgeschickte Leserpost war auch nicht dazu angetan, Bonn aus dem Gedächtnis zu verbannen. Heinrich Simon aus Siegen beschwerte sich: "Kohl hat die deutsche Politik verhunzt ... Da kommen Koalitionäre zum Kanzlerfrühstück, beschließen - alles Juristen, keine Wirtschaftler - und erwarten unbedingte Zustimmung Punkt für Punkt. Andere Meinungen sind Blockade." Die möglichen, mehrfach geschiedenen SPD-Kanzlerkandidaten Schröder und Lafontaine bekamen auch ihr Fett weg. Eine Dresdnerin: "Wenn jemand nicht in der Lage ist, sein eigenes Privatleben in Ordnung zu führen, wie sollte er wohl ein ganzes Land in der Hand behalten?"

BILD-Leserin Gerda Welzel aus Dachau: "Sie glauben nicht, wie die Bevölkerung böse ist. Auch ich selbst weiß nicht, wen ich wählen werde."

Post vom Kanzler kam ebenfalls. Er und Frau Kohl würden sich freuen, den Kolumnisten, zusammen mit anderen Journalisten, am Freitag nächster Woche "zu einem Pfälzer Nachmittag und Abend" begrüßen zu können.

Wie soll man da im Urlaub von Bonn Abstand gewinnen können?

Meine letzte Begegnung mit einem tüchtigen Menschen

Wir trafen uns vor vier Wochen zufällig in der Fußgängerzone, wechselten ein paar Worte ("Was machen Sie jetzt?"). Er trug ein Aktenköfferchen und sein für ihn typisch scheues Lächeln. Gestern schlug ich den Bonner General-Anzeiger auf - und erschrak: "Staatssekretär a.D. Konow starb überraschend im Alter von 68 Jahren.

Gerhard Konow - die Zufallsbegegnung in der Stadt - war der letzte Chef des Bundeskanzleramtes unter Helmut Schmidt. In diese Funktion war er - still, fleißig, gradlinig - allein durch dienende Tüchtigkeit aufgestiegen. Nicht einmal Parteimitglied, aber mit der Politik des SPD-Kanzlers sympathisierend.

Als Schmidt am 1. Oktober 1982 durch ein Mißtrauensvotum Kohls gestürzt wurde - ein Machtwechsel, der durch das vorangegangene Ausscheren der FDP aus der sozialliberalen Koalition unabwendbar wurde, zählte Konow mit Regierungssprecher Bölling und Redenschreiber Jens Fischer zu den letzten, die mit Schmidt in der Nacht zuvor im Kanzleramt zusammensaßen. Persönliche Sachen - Bücher, Andenken, silbergerahmte Fotos - waren bereits in Umzugskisten verpackt, wehmütig die Stimmung.

Die Herren feilten an der Abschiedsrede. Schmidt interessierte, wie seine Entlassungsurkunde aussehen würde. Mit beißendem Spott zu Konow: "Vergessen Sie nicht, daß auch der Dank des Vaterlandes draufsteht."

Der getreue Konow fand Unterkommen in der NRW-Landesregierung, zuletzt als Wissenschaftsbeauftragter für die Region Bonn. Kein Posten mit Stander am Dienstwagen und Bodyguards. Wie er da nach unserer flüchtigen Begegnung unbeachtet im Menschengewühl mit seinem Köfferchen in Richtung Kaufhof verschwand, dachte ich - nicht einmal seinen jähen Tod ahnend: Ob die da, die jetzt im Kanzleramt mit allen Attributen und Annehmlichkeiten der Macht regieren, sich ständig vergegenwärtigen, daß auch ihre Zeit nur begrenzt ist? Ich fürchte, nein.

Waigel, ein "Gelber Engel" und ich

Abends auf der Autobahn München-Nürnberg. Sauwetter, stockdunkel, brausender Berufsverkehr. Und dann das, wovor man immer einen Horror hat: Panne!

Ein rotes Kontrollämpchen hatte Unheil angekündigt, aber bevor die nächstbeste Tankstelle erreicht war, passierte es: Totaler Stromausfall! Keine Beleuchtung, schlimmer noch, der Motor bleibt stehen!

Dank Handy ist der ADAC-Pannenhelfer in 20 Minuten zur Stelle. Ein kräftiger Bayer im Friesennerz mit freundlicher Stimme. "Schau'n ma mal." In Minuten hat er nicht nur die Ursache festgestellt - "Lichtmaschine im Eimer". Er weiß, wo es zu der späten Stunde Ersatz gibt: "In Pfaffenhofen. Fahrn's voraus, I bleib hinta Ehna", bedeutet er mir, baut für die Stromversorgung bis dorthin eine Ersatzbatterie ein.

In Pfaffenhofen, während er fachgerecht die Lichtmaschine auswechselt, fällt sein Blick auf mein Bonner BN-Kennzeichen. "So, so, das letzte Markel woin's uns jetzt nehma."

"Ich nicht, aber der Theo."

Er macht mir eine Rechnung auf: Früher Kfz-Meister in einer Reparaturwerkstatt. Zu den "Gelben Engel" unter anderem gewechselt, weil er dort mit steuerfreien Sonntags- und Feiertagszuschlägen mehr verdient. "Dafür müssen wir möglichst an drei Sonntagen im Monat im Einsatz sein." Er spricht plötzlich Hochdeutsch. "Wenn aber die Zuschläge besteuert werden, lohnt es nicht mehr, dafür das Familienleben zu opfern. Dann gibt es eben sonntags keine Pannenhilfe mehr." Er grinst.

Wenn Regierung und Opposition Steuergipfel im Bonner Finanzministerium zusammentreffen - begrüßt am Eingang vom Ministerialrat Hugler, wünschte ich, mein wackerer Helfer von der Straßenwacht wäre dabei und könnte praxisnahen Aufklärungsunterricht geben. Es ist ohnehin eine absurde Steuerreform, bei der man den Menschen mehr Geld verspricht, ihnen aber erst einmal tief in die Tasche greift.

Da war mir Waigel plötzlich gram

Es klingelte an der Haustür. Über die Gegensprechanlage höre ich eine Stimme: "Ich komme vom Finanzministerium."
"Na dann gehen Sie mal dorthin wieder zurück," bescheide ich den Störenfried. Daraufhin, etwas gequält: "Ich möchte doch nur einen Brief abgeben."
Also gut, Brief in Empfang genommen, Blick auf den Absender geworfen: O Schreck! Ein Brief von Theo Waigel!
"Sehr geehrter Graf Nayhauß, ...", beginne ich zu lesen und wundere mich. Früher schrieb er: "Lieber Graf Nayhauß...." Schneller Blick auf das Briefende. "Mit freundlichen Grüßen, Theo Waigel" Klingt verdammt förmlich. Sonst stand da: "Herzliche Grüße, Ihr Theo Waigel". Was habe ich verbrochen?
"Ihre heutige Kolumne in der 'Bild-Zeitung' (28. Februar) habe ich wie immer gelesen. Es tut mir leid, wenn Sie ausgerechnet in Bayern eine Autopanne hatten... Enttäuscht bin ich über Ihre Antwort auf die wohl scherzhaft gemeinte Frage des ADAC-Straßenwächters, daß die "Bonner" ihm auch noch die letzte Mark nehmen wollten. ("Ich nicht, aber der Theo").
Als gut informierter Kenner der Bonner Szene wissen Sie, daß die Steuerreformvorschläge zu einer breiten Entlastung, insbesondere der Arbeitnehmer führen. Es ist aber nicht richtig, wenn Sie behaupten, ich würde den Menschen mehr Geld versprechen, ihnen aber erst einmal tief in die Tasche greifen.
Zu Ihrer Information habe ich Ihnen eine Informationsmappe über die Steuerreform beigefügt, damit Sie bei Ihrer nächsten Panne die richtigen Antworten parat habe."
Also, außer Warndreieck und Verbandskasten führe ich künftig Theos Info-Mappe mit. Da es sich aber nur um Vorschläge des Finanzministers, mitnichten um beschlossene Gesetze handelt, die FDP und vor allem 'Oskar' bei der Steuerreform auch noch ein Wörtchen mitzureden haben, bin ich für die nächste Begegnung mit einem "Gelben Engel" nur bedingt auskunftsgerüstet.

Johnny Klein
Eine Weihnachtsbotschaft über den Tod hinaus

Unter der Flut der Weihnachtspost ein Brief, der mich stutzen ließ: zartgelbes Briefpapier, besonders großes Format. So pflegte Hans ("Johnny") Klein, Vizepräsident des Deutschen Bundestages, alljährlich zum Christfest zu schreiben.
Post von einem Verstorbenen?
Zögernd öffnete ich den Umschlag. Im Briefkopf stand in kleinen Buchstaben "Ira Klein" - Johnnys Frau.
Ich begann zu lesen: " 'Am Anfang war das Wort', leitete Johannes sein Evangelium ein. Dies war Hans' liebste Bibelstelle.
'...Alles ist durch das Wort geworden, und ohne das Wort wurde nichts, was geworden ist' (Joh., 1,2). Daran glaubte Hans.
'Das wahre Licht, das jeden Menschen erleuchtet, kam in die Welt' (Joh.1,9). Die alljährliche Feier der Geburt Jesu, der geweihten Nacht, Weihnachten, das Fest der Freude, der Liebe und des Friedens, war Hans' liebstes Fest.
Anfang November hatte er die diesjährige Weihnachtspost vorbereiten lassen. Erlaubt mir, Euch diesen letzten Gruß zu senden und Euch in seinem Sinne gesegnete Weihnachten und ein friedvolles Neues Jahr zu wünschen..."
Betroffen aber auch dankbar für so viel Zuwendung seitens des Freundes und ehemaligen Kollegen hielt ich inne. Hans Klein war vor vier Wochen gestorben. Was für ein Mann, der sich schon im November Gedanken macht, was er den ihm nahestehenden Menschen zu Weihnachten schreiben will - ohne Ahnung, daß er selbst dieses Fest nicht mehr erleben wird!
Gewiß, nachdenklich stimmend auch die Weihnachtspost des Kanzlers, mit der Mahnung, "das Ringen um den richtigen Weg in der Politik ohne Feindseligkeit auszutragen. Auch Journalisten können dazu beitragen... "
Aber keine Frage: die Botschaft des Freundes über seinen Tod hinaus geht mir wie keine andere Weihnachtspost zu Herzen.

Ein Pastor zitiert mich in seiner Weihnachtspredigt

Rückblick auf das zu Ende gehende Jahr: 150 Kolumnen geschrieben, über 100 000 Flugkilometer mit dem Kanzler unterwegs gewesen. Mal kam von ihm in 8 Tagen nur ein "Guten Tag", mal öffnete er sich im Gespräch, klagte, Gefangener seiner Termine zu sein. "Inzwischen will doch fast jeder in Europa etwas von mir." Neue Kontakte in Bonn geknüpft, andererseits Blüms Sympathie verloren, weil ich seinen Sprecher "in die Pfanne gehauen" hätte. Die Wahrheit: Nerven und Renten liegen bei "Nobbi" blank. Richtig lieb werden die meisten Politiker eh' erst, wenn sie ohne Amt sind.

Interessanteste Einladung in diesem Jahr: ein Abendessen in der israelischen Botschaft mit - dem damals noch nicht zum Ministerpräsidenten gewählten - Netanjahu ("Arafat ist und bleibt ein Terrorist"). Schlagartig ist mir klar, mit Netanjahu wird es in Nahost keinen Frieden geben.

Das beeindruckendste Erlebnis: die Begegnung mit einem elternlosen "street child" auf den Müllbergen von Manila. Ein Arzt trennt ihm ohne Narkose (weil nicht vorhanden) zentimetertief verwestes Fleisch vom Unterschenkel - Folgen einer Verbrennung. Der Zwölfjährige: nicht eine Träne, kein einziger Schmerzensschrei. Dank BILD "Ein Herz für Kinder" inzwischen sachgemäß nachoperiert.

Menschen helfen zu können, ist die schönste Wirkung einer Kolumne - zum Beispiel einem damals in der DDR enteignetem Spediteur jetzt zu einer Entschädigung verholfen und den jungen in den Westen desertierten, einstigen Sowjetoffizier und seine Familie vor der Abschiebung, die für ihn das Todesurteil bedeutet hätte, bewahrt zu haben.

Die schönste Anerkennung: Daß Pastor Wolfgang Baake, Wetzlar, meine Weihnachtskolumne (über den verstorbenen Bundestagsvizepräsidenten Klein) in seiner Weihnachtspredigt ausführlich zitierte. Eine Kolumne blieb ungeschrieben: Daß der Kanzler nicht zur Hochzeit seines Sohnes Walter fuhr - aus Sorge vor zuviel Presse.

Meine Jahre mit Kohl
Ein Auf und Ab wie auf der Achterbahn

Am 1. Oktober 1982 wurde er Kanzler, am 8. Oktober saß ich in seinem Arbeitszimmer zum ersten Interview. Ohne Brille wirkten seine Augen auffallend sanft. Nach einer Stunde unterbrach uns ein ausländischer Besucher. Kohl rief mir nach: "Wir müssen aber unbedingt unser Gespräch fortsetzen!" Ich war so naiv zu glauben, er bliebe mir ewig wohlgesonnen.

Auf einem geplanten, später abgesagten Flug nach Indien, Korea und Japan hätte er zwar andere Journalisten in seiner Maschine mitgenommen, aber mich zur Abstrafung, wegen einer Kolumne, die ihn ärgerte, "Linie" fliegen lassen. Nach etwa 800 Kanzler-Kolumnen weiß ich: Mal ist man bei ihm ganz oben, mal im Keller. Ich erlebte ihn so oft und nah, wie kaum ein anderer Journalist. Bei einem Bankett in Israel (1984) stauchte er mich zusammen ("Alles Quatsch!"), weil ich ihm mit der Affäre Wörner/Kießling gekommen war. Auf dem Rückflug vom Kaukasus (1990), wo er die deutsche Einheit festgeklopft hatte, prostete er mir zu und erkundigte sich anderntags: "Haben Sie auch ausgeschlafen?". Er stellte mich "Gorbi" mit der Warnung vor: "Aber passen Sie auf, was Sie ihm sagen!"

Ich sah seine Tränen vor der Dresdner Frauenkirche (1989), ich war Zeuge seiner Späße und Wutausbrüche bei vielen Gelegenheiten. Ich begleitete ihn auf Wahlkundgebungen, mal auf dem Rücksitz seiner Panzerlimousine, mal auf den Vordersitzen seines Hubschraubers. In San Francisco lud er mich zum Fischessen ein, in Prag lehnte er schroff meine Begleitung bei einem Altstadtbummel ab.

Kohl möchte Menschen "besitzen", auch Journalisten, und reagiert sauer, wenn sie sich nicht vereinnahmen lassen. Trotzdem: Seine Welt mitzuerleben, ist ein Stück Geschichte, aber gleichermaßen amüsant und spannend wie gutes Theater.